Le français familier et argotique

Spoken French Foreigners Should Understand

Pierre-Maurice Richard
Agrégé de l'Université

National Textbook Company
a division of NTC/CONTEMPORARY PUBLISHING COMPANY
Lincolnwood, Illinois USA

PIERRE-MAURICE RICHARD est l'auteur d'une méthode audio-visuelle pour l'enseignement de l'anglais selon une approche novatrice. Seul d'abord, puis avec sa collaboratrice Wendy Hall, il a écrit toute une série d'ouvrages qui, pendant une vingtaine d'années, ont figuré parmi les best-sellers des Classiques Hachette.

Il est en outre l'auteur de diverses œuvres de fiction:

Retour, pièce en 4 actes (Éditions Nagel) a fait une carrière de 150 représentations au Théâtre du Gymnase à Paris et obtenu le prix Marcel Pagnol;

Message pour Margaret, adaptation française de la pièce de James Parish a été créée au Théâtre de Lausanne, puis jouée sur les pricipales scènes de Suisse et de Belgique;

Eugène—Une Fantaisie de la Nature, roman satirique d'anticipation, a été publié par les Éditions Londreys, à Paris;

La Partie de Jacquet et *Adagio/Allegro* (Éditions France Empire), deux recueils de nouvelles, ont obtenu respectivement le prix Saint-Exupéry et le prix du Rotary Club de Paris;

Cocktail de Nouvelles vient de paraître aux Éditions Paquerau.

Photographie: ©COMSTOCK INC.
Mise en page: Ellen Pettengell

Published by National Textbook Company,
a division of NTC/Contemporary Publishing Company.
©1997/ NTC/Contemporary Publishing Company, 4255 W. Touhy Avenue,
Lincolnwood (Chicago), Illinois 60646-1975 U.S.A.

Manufactured in the United States of America.

7890 VL 0987654321

Table des matières

Avant-propos
Comment est née l'idée de ce livre

Les étrangers—élèves, étudiants, touristes, hommes d'affaires, etc.—qui viennent passer quelque temps en France, nous disent souvent:

«J'ai été très désorienté pendant mon séjour. Je croyais avoir acquis une assez bonne connaissance de la langue à l'école ou à l'université. Mais, dès mon arrivée, j'ai constaté que j'avais beaucoup de mal à suivre les conversations. La plupart des Français emploient constamment des expressions et des mots bizarres, que nous n'avons jamais appris et dont le sens nous échappe. Apparemment, il s'agit d'un vocabulaire plus ou moins argotique, qui fait partie de la langue parlée quotidienne—mais que l'on peut aussi rencontrer dans la langue écrite, par exemple dans la presse ou certains romans, et entendre dans diverses émissions de radio ou de télévision, dans des films ou des pièces de théâtre. Or, ce vocabulaire «non-académique», nous ne le connaissons pas. Il ne figure pas dans nos manuels scolaires. Nous n'y sommes pas initiés pendant nos études.

«Conséquence: quand nous arrivons en France, son emploi par la plupart de nos interlocuteurs—notamment les jeunes, avec lesquels les étudiants sont naturellement le plus en contact—nous pose de sérieux problèmes de compréhension et nous plonge, en outre, dans la perplexité. Même quand—grâce au contexte—nous parvenons à saisir tant bien que mal le sens de ces mots inconnus, leur «niveau» nous échappe. Sont-ils simplement familiers, ou populaires, ou argotiques, ou franchement vulgaires? Dans quelles circonstances peut-on à la rigueur les employer? Quand, au contraire, seraient-ils vraiment déplacés? Nous sommes sans cesse menacés de commettre des gaffes assez gênantes, ou de nous rendre ridicules, en réemployant hors de propos des termes entendus au hasard et dont nous avons mal saisi le sens exact ou le degré de vulgarité.

«Il y a aussi la question des structures grammaticales. Nous avons l'impression que bon nombre de Français emploient des constructions qui, d'après ce qu'on nous a enseigné, ne sont pas correctes. Sont-elles admises

vii

Unusual/unaccustomed

② *rightly or wrongly*

③ *constater*
- *ascertain*
- *establish*
- *record*
- *verify*
- *to find*

Nom - constation
ascertainment
establishment
investigation
notice

faire une constation
- *to note*

findings (d'une enquête)

malgré tout? Et pouvons-nous—ou devons-nous—les utiliser, nous aussi? Ou bien ce qui semble «acceptable» dans la bouche d'un Français paraîtrait-il insolite on comique dans la bouche d'un étranger?

«Il faudrait donc nous donner un moyen de nous initier à cette langue familière, populaire, argotique ou vulgaire, nous fournir un instrument de travail—et ne pas seulement compter sur les hasards (peu fiables) des conversations entendues, pour nous instruire. Il faudrait que nous ayons la possibilité d'étudier cette forme du langage, afin que nous puissions, sinon l'employer, du moins bien la comprendre, en évaluer les différents «niveaux», et éviter ainsi certaines réutilisations risquées, dans des circonstances peu appropriées.

«Bref, il faudrait nous enseigner avec quelque méthode non seulement le français tel qu'on devrait théoriquement le parler, mais aussi le français tel qu'on le parle effectivement à tort ou à raison.»

Ce sont des réflexions de ce genre—et la fréquente constatation personnelle des difficultés auxquelles se heurtent les étrangers étudiant le français—qui ont été à l'origine de cet ouvrage.

Pierre-Maurice Richard

Structures familières «non standard»

Les structures syntaxiques «non conformes aux règles», que l'on trouvera dans les pages suivantes, sont d'un emploi très fréquent dans la langue parlée. Elles auraient sans doute été considérées comme franchement incorrectes et révélatrices d'un manque d'instruction il y a une vingtaine d'années. Mais aujourd'hui, on les entend si souvent, non seulement dans les conversations quotidiennes, mais aussi dans les dialogues de films et de théâtre ou dans les interviews radiodiffusées ou télévisées, qu'elles ne choquent plus guère. En tout cas, même si l'on déplore un tel laxisme, on est bien obligé de constater qu'il est entré dans les mœurs. C'est si vrai que bon nombre de gens distingués et cultivés, parfaitement capables de s'exprimer fort bien, s'appliquent à employer assez souvent, dans la vie courante, un style relâché—de peur de passer pour pédants et «ringards» (c'est-à-dire «vieux jeu») auprès de leur entourage. Quant aux jeunes, ils considèrent en général que parler correctement serait une vile soumission aux contraintes des règles prescrites—surtout s'ils fréquentent un établissement scolaire ou une université . . .

En examinant les structures familières présentées ci-après, on remarquera qu'elles se caractérisent presque toujours par un abrègement, une réduction au minimum indispensable pour que les phrases restent intelligibles—du moins pour des Français. Mais, pour les étrangers non avertis, ces tournures insolites risquent de provoquer bien des surprises et des interrogations. Nous espérons donc que ce chapitre leur apportera l'initiation nécessaire.

Si la bonne compréhension de ces structures «non standard» est indispensable, leur réemploi par les étrangers exige beaucoup de prudence. En effet, ces formes elliptiques, avec bon nombre d'élisions, sont inséparables d'un rythme rapide d'élocution et d'un certain «accent» difficiles à reproduire. Articulées de façon trop laborieuse et avec une intonation discutable, elles perdent tout naturel et risquent parfois de paraître un peu ridicules. Il vaut alors beaucoup mieux s'en tenir aux structures «standard».

Mais qu'on se rassure! Les Français qui s'évertuent si souvent à maltraiter leur langue, ont toujours la plus vive admiration pour les strangers qui la parlent bien . . .

Structures familières ou populaires

Les structures familières ou populaires sont d'un emploi fréquent, non seulement dans la conversation relâchée quotidienne, mais dans les dialogues de films, de théâtre ou de romans, et dans les interviews improvisées en direct à la radio ou à la télévision (faits divers, événements sportifs, etc. ou encore dans les jeux ou les émissions de variétés, de reportage, etc.)

		Structures standard	Structures familières ou populaires
1	Omission de «ne» ou «n'» dans les formes négatives.	Je ne comprends pas.	J'comprends pas.
		Elle n'a pas encore répondu.	Ell a pas encore répondu
		Tu n'as pas de chance.	T'as pas de chance
		Ne bouge pas! Ne fais pas de bruit!	Bouge pas! Fais pas de bruit!
2	Emploi extrêmement fréquent de la forme affirmative avec intonation interrogative, au lieu de la forme interrogative avec inversion du sujet et du verbe, ou avec «est-ce que».	Viendras-tu demain? Est-ce que tu viendras demain?	Tu viendras demain?
		Parlez-vous anglais? Est-ce que vous parlez anglais?	Vous parlez anglais?
		Pierre est-il là? Est-ce que Pierre est là?	Pierre est là?
3	Rejet des interrogatifs «pourquoi / quand / comment / où / combien» en fin de phrase, avec le verbe à la forme affirmative.	Quand partiras-tu? Quand est-ce que tu partiras?	Tu partiras quand?
		Comment l'avez-vous appris? Comment est-ce que vous l'avez appris?	Vous l'avez appris comment?
		Combien cela coûte-t-il? Combien est-ce que ça coûte?	Ça coûte combien?

		Structures standard	Structures familières ou populaires

4 Dans les questions commençant par «pourquoi / quand / comment / où / combien», on omet souvent de faire l'inversion du sujet et du verbe ou d'employer «est-ce que». (Cette tendance semble s'être beaucoup accentuée au cours des dernières années, comme on peut le constater à la radio et à la télévision.)

Structures standard	Structures familières ou populaires
Quand es-tu arrivé? Quand est-ce que tu es arrivé?	Quand t'es arrivé?
Comment est-elle venue? Comment est-ce qu'elle est venue?	Comment elle est venue?
Combien as-tu payé? Combien est-ce que tu as payé?	Combien t'as payé?

5 Dans une langue plus populaire, la forme «est-ce que», donnée en second dans les «Structures standard» ci-dessus, est réduite à «qu'»— prononcé «k».

Structures standard	Structures familières ou populaires
Pourquoi est-ce que tu dis ça?	Pourquoi qu'tu dis ça?
Comment est-ce que tu t'appelles?	Comment qu'tu t'appelles?
D'où est-ce que tu viens?	D'où qu'tu viens?

(Le réemploi de cette forme–qu'il faut comprendre—est nettement déconseillé aux étrangers.)

6 1. Absence d'inversion du sujet et du verbe après l'interrogatif «qui».
2. Rejet de «qui» en fin de phrase.

Structures standard	Structures familières ou populaires
Qui cherches-tu? Qui est-ce que tu cherches?	Qui tu cherches? Tu cherches qui?
À qui parlais-tu? À qui est-ce que tu parlais?	À qui tu parlais? Tu parlais à qui?
Pour qui travaille-t-elle? Pour qui est-ce qu'elle travaille?	Pour qui elle travaille? Elle travaille pour qui?

7 Mêmes constructions que ci-dessus avec l'interrogatif «quoi».

Structures standard	Structures familières ou populaires
À quoi penses-tu? À quoi est-ce que tu penses?	À quoi tu penses? Tu penses à quoi?
À quoi cela sert-il? À quoi est-ce que ça sert?	À quoi ça sert? Ça sert à quoi?
De quoi parlent-ils? De quoi est-ce qu'ils parlent?	De quoi ils parlent? Ils parlent de quoi?

8 Questions avec «pourquoi», sans inversion du sujet et du verbe et parfois sans emploi de la négation «ne» ou «n'» à la forme interrogative-négative.

Structures standard	Structures familières ou populaires
Pourquoi me regardes-tu? Pourquoi est-ce que tu me regardes?	Pourquoi tu me regardes?
Pourquoi n'a-t-il pas attendu? Pourquoi est-ce qu'il n'a pas attendu?	Pourquoi il (n') a pas attendu?
Pourquoi n'as-tu rien dit? Pourquoi est-ce que tu n'as rien dit?	Pourquoi tu n'as rien dit? Pourquoi t'as rien dit?

Exercices

A. Transposez en français standard les questions suivantes formulées en français familier *(voir Chapitre 1, Structures 2 et 3)*. Donnez les deux constructions possibles.

1. Tes parents viendront demain?

2. Ton frère parle espagnol?

3. Ta sœur est là?

4. Tes amis arriveront quand?

5. Vous voyagerez comment?

6. Ce livre, vous l'avez payé combien?

B. Transposez en français familier les questions suivantes *(voir Structure 3)*.

1. Quand est-ce qu'elles partiront?

2. Comment est-il habillé?

3. Combien sont-ils?

4. Où est-ce qu'ils habitent?

C. Formulez en français standard les questions suivantes (gravement incorrectes) *(voir Structure 5)*.

1. Pourquoi qu't'es parti?

2. Comment qu't'as fait ça?

3. D'où qu'il arrive?

4. Combien qu'elles sont?

D. Transposez en français standard les phrases suivantes *(voir Structure 6)*.

1. Tu veux parler à qui?

2. Avec qui tu joues au tennis?

3. Qui tu connais à New-York?

4. Qui elle cherche?

E. Transposez en français familier les questions suivantes *(voir Structure 7)*.

1. Qu'est-ce que tu cherches?

2. De quoi parlez-vous?

3. À quoi t'intéresses-tu?

4. À quoi faites-vous allusion?

F. Transposez en français standard les phrases suivantes *(voir Structure 8)*.

1. Pourquoi t'aimes pas ce livre?

2. Pourquoi elle porte pas de chapeau?

3. Pourquoi t'es pas venu au cinéma?

4. Pourquoi ils n'ont pas accepté mon invitation?

	Structures standard	Structures familières ou populaires
9 Réduction très fréquente de «il y a» à la forme «y a» et de «il n'y a pas» à la forme «y a pas». De même, «il n'y a plus» est fréquemment réduit à la forme «y a plus». Ces altérations de la locution se retrouvent aux différents temps.	Il y a beaucoup de monde dans les rues.	Y a beaucoup de monde dans les rues.
	Il y avait du soleil ce matin.	Y avait du soleil ce matin.
	Il y aura de la pluie demain.	Y aura de la pluie demain.
	Il n'y a pas de pain sur la table.	Y a pas de pain sur la table.
	Il n'y aura personne sur la plage.	Y aura personne sur la plage.
	Il n'y a plus de beurre.	Y a plus d'beurre.
	Il n'y avait plus personne.	Y avait plus personne.
10 Omission de «il» ou de «il ne» devant le verbe «falloir» au présent, à l'imparfait, au futur et au conditionnel.	Il ne faut pas rester ici.	Faut pas rester ici.
	Il ne fallait pas dormir si tard.	Fallait pas dormir si tard.
	Il ne faudra pas être en retard.	Faudra pas être en retard.
	Il faudrait lui téléphoner.	Faudrait lui téléphoner.
	Il ne faudrait pas qu'il vienne.	Faudrait pas qu'il vienne.
11 Omission du pronom complément d'objet direct *le / la / les* dans des phrases avec des verbes comme *donner / remettre / porter / dire / communiquer / faire savoir,* etc.	—Voici un petit cadeau pour Nicole. —Je le lui donnerai ce soir.	—Je lui donnerai ce soir.
	—Voudras-tu donner cette lettre à Jean? —Je la lui remettrai tout à l'heure.	—Je lui remettrai tout à l'heure.
	—Voudrais-tu porter ces papiers au patron? —Je les lui porterai dans cinq minutes.	—Je lui porterai dans cinq minutes.
	—Dis donc à Michèle et Monique de venir me voir. —Je le leur ai dit.	—Je leur ai dit.
12 Emploi superflu du pronom personnel après le nom sujet.	Son père est instituteur.	Son père il est instituteur.
	Sa mère est morte il y a deux ans.	Sa mère elle est morte il y a deux ans.
		Ses deux frères ils habitent Paris.
	Ses deux frères habitent Paris.	

		Structures standard	Structures familières ou populaires
13	Emploi de «qu'est-ce que» et de «ce que» à la forme exclamative.	Qu'elle est jolie! Comme elle est élégante! Que j'ai eu peur! Comme j'ai eu peur! Qu'il fait chaud! Comme il fait chaud!	Qu'est-ce qu'elle est jolie! Ç' qu'elle est élégante! Qu'est-ce que j'ai eu peur! Ç' que j'ai eu peur! Qu'est-ce qu'il fait chaud! Ç' qu'il fait chaud!
14	Emploi de constructions populaires comme «pour pas que je fasse» au lieu de «pour que je ne fasse pas».	Il m'a aidé pour que je ne fasse pas d'erreurs. Je l'ai fait entrer pour qu'elle ne prenne pas froid. On lui a fait une piqûre pour qu'il ne souffre pas.	Il m'a aidé pour pas que je fasse d'erreurs. Il m'a aidé pour que j'fasse pas d'erreurs. Je l'ai fait entrer pour pas qu'elle prenne froid. Je l'ai fait entrer pour qu'elle prenne pas froid. On lui a fait une piqûre pour pas qu'il souffre. On lui a fait une piqûre pour qu'il souffre pas.
15	Façon populaire de rapporter une conversation en citant les propos au style direct.	Il me dit: «Tu n'es qu'un imbécile.» Je lui réponds: «Pas tant que toi!» Il me demande: «Tu veux une paire de gifles?» Alors, je lui dis: «Eh bien, viens-y donc! Et on verra qui la prendra, la paire de gifles!»	«T'es qu'un imbécile!» qu'y m'dit. «Pas tant qu'toi!» qu'j'y réponds. «Tu veux une paire de baffes?» qu'y m'demande. «Eh bien, viens-y donc!» qu'j'y dis. «Et on verra qui c'est qui la prendra, la paire de baffes!»
16	Emploi populaire de «qui c'est qui» au lieu de «qui est-ce qui».	Qui a sonné? Qui est-ce qui a sonné? Qui t'a dit ça? Qui est-ce qui t'a dit ça?	Qui c'est qui a sonné? Qui c'est qui t'a dit ça?

Exercices

G. Employez la tournure familière «y a» ou «y a pas», selon le sens de chaque phrase, et en utilisant le temps indiqué (*voir Structure 9*).

1. (*futur*) _____ beaucoup de monde au cinéma, car le film est très bon.

2. (*imparfait*) _____ du soleil ce matin, mais cet après-midi il pleut.

3. (*futur*) _____ beaucoup de monde sur la route cet après-midi, car il neige.

4. (*présent*) _____ beaucoup de clients dans ce restaurant, car il n'est pas bon.

H. Complétez les phrases avec les expressions familières «faut» ou «faut pas» selon le sens et en les mettant au temps indiqué (*voir Structure 10*).

1. (*futur*) _____ être en retard à la gare cet après-midi, car il y aura foule.

2. (*présent*) _____ sortir quand on est malade et qu'il fait très froid.

3. (*imparfait*) _____ lui dire qu'il avait échoué à son examen.

4. (*conditionnel*) _____ que la voiture tombe en panne avant qu'on soit arrivé à la maison.

I. Complétez les réponses conformément aux exemples de la *Structure standard numéro 11*.

1. —Voudras-tu donner ce paquet à ta-mère?
—Entendu. Je ____ ____ _____ ce soir.

2. —As-tu remis ma lettre à ton professeur?
—Oui. Je ____ ____ ____ _____ hier.

3. —Avez-vous rendu ses livres à David?
—Oui. Nous ____ ____ _____ _____ ce matin.
ou: —Non. Mais nous ____ ____ _____ quand nous le verrons.

J. Utilisez les structures standard au lieu des structures familières dans les phrases exclamatives suivantes (*voir Structure 13*). Employez les deux formes possibles.

1. C'qu'il est grand!

2. Qu'est-ce que j'ai envie de cette robe!

3. C'qu'il ferait bon au bord de la mer!

4. C'qu'il fait chaud!

5. Qu'est-ce qu'elle aime danser!

6. C'qu'elle est gracieuse!

K. Modifiez ces phrases, afin qu'elles deviennent correctes (*voir Structure 14*).

1. J'ai fait marcher la radio pour pas qu'il s'endorme en conduisant.

2. Il m'a donné des tas de conseils pour pas que je me trompe.

3. On nous a donné une carte pour pas que nous nous perdions.

4. Nous leur avons donné 5000 F pour pas qu'ils manquent d'argent.

L. Reformulez en français standard cette question enfantine—incorrecte mais remarquablement concise et originale—figurant dans une chanson de Renaud Séchan: *Dis-moi, Papa, c'est quand qu'on va où?*

Citations tirées de romans

À simple titre d'illustration des structures précédentes, voici quelques citations de passages ou de phrases relevées en feuilletant rapidement quatre romans. Elles montrent bien l'emploi fréquent des formes que nous avons signalées, dans les dialogues d'écrivains de qualité et ne présentant pas des personnages particulièrement vulgaires.

Encore heureux qu'on va vers l'été
Christiane Rochefort

— Ma pauvre fille, t'es complètement inconsciente.

— Dans le fond, ça veut dire quoi au juste?

— Comment on le saurait, si on est inconsciente?

— On leur dira: C'est pas nous. On l'a pas fait exprès.

— Personne avait jamais fait ça avant.

— Faut pas bouger d'ici.

— Je sais pas sur quel pied danser.

— Y en a marre de la civilisation.

— Comment on fait pour se débrouiller aussi bien?

— Je l'entends pas.

— Elle a rien dit.

— Comment tu sais ça?

— Comment on va ouvrir les boîtes de sardines?

— J'aime pas ça.

— Si je te dis: «Tu es de trop»—ça te fait quoi?

— Moi, j'irai pas.

— Moi, je me fais jamais piquer quand je fauche quelque chose.

— Ce sera quoi notre métier?

— C'est plus la peine.

— Faut plus y penser.

— Je suis pas sûre.

– Tu as mal?

– Je sais pas. Qui vous êtes?

– Pourquoi tu veux pas? [. . .] Si tu te décides pas, je vais pas rester à t'attendre.

– C'est pas vrai. J'y crois pas.

– On dit quoi? Qui c'est qui a fait la bêtise?

– Tu étais là-bas? Non, j'y étais pas.

Boy
Christine de Rivoyre

– Il fait beau, non?

– Elle est bonne, l'eau?

– Comment tu sais mon nom? [. . .] Ton nom de famille, c'est quoi?

– Il préfère rester avec ses amies.

– Comment tu le sais?

– Je voudrais pas qu'on quitte la maison.

– Comment tu la trouves?

Le bateau du courrier
Geneviève Dormann

– Où il est mon père?
  Pourquoi il n'est pas ici?
  Comment il s'appelle?
  Pourquoi je ne l'ai jamais vu?

Le Buveur de Garonne
Michèle Perrein

— Je te dois combien?

— Tu vas bien, Marlène? . . . Ça marche, le lycée? . . . Tu gagnes ta vie? . . .

— Tu ne pleures pas, Agnès? . . . Tu n'es pas triste? . . . Tu es fâchée? . . . Tu m'en veux?

— Vous vous appelez comment?

Autres exemples de questions sans inversion du sujet et du verbe et sans l'emploi de «est-ce que». Seule l'intonation montante indique qu'il s'agit d'une question.

— Vous êtes français?

— C'est trop chaud?

— Je monte avec toi? Tu viens souvent ici? C'est encore haut?

— La maison est inhabitée. —Inhabitée, comment ça?

— Tu vas y revenir?

Exercice
Transposez en français standard les phrases suivantes écrites en français familier.

1. "Être inconscient", ça veut dire quoi?
2. Comment on sait qu'on est inconscient?
3. C'est pas moi qui ai cassé ce verre.
4. Faut pas accuser Jean. Il l'a pas fait exprès.
5. Comment on va ouvrir cette boîte?
6. Comment tu sais ce qu'il y a dedans?
7. Si je te dis "Tu es stupide!" ça te fait quoi?
8. Faut plus pleurer. C'est pas ta faute.
9. Ton nom de famille, c'est quoi?
10. Pourquoi il est pas là, ton père?
11. Il s'appelle comment? Pourquoi il a un nnom anglais?
12. Il vient souvent en France? Pour faire quoi?

2 Vocabulaire familier et argotique d'usage courant

L'emploi fréquent par beaucoup de Français—et en particulier les jeunes—d'un vocabulaire argotique que les étrangers ignorent pose à ceux-ci des problèmes encore plus difficiles que l'emploi des structures syntaxiques familières signalées dans le chapitre précédent. Là, l'incompréhension risque souvent d'être totale, à cause de l'ignorance d'un certain nombre de mots argotiques qui reviennent fréquemment dans les conversations, les interviews des médias, les dialogues des films, les chansons—et assez souvent aussi dans la presse ou les romans. Se fier au hasard des conversations, au cours de séjours en France, pour se familiariser avec ce vocabulaire exigerait beaucoup de temps et comporterait bien souvent des risques de lacunes ou de mauvaises interprétations. Une initiation préalable sera, de toute évidence, plus concertée, plus rapide et plus sûre.

On a donc procédé dans ce chapitre au classement en 15 thèmes du vocabulaire argotique le plus courant, en éliminant les termes franchement vulgaires, à moins que leur emploi très fréquent ne rende leur compréhension indispensable. Cette présentation, à partir de mots et de locutions de français standard, nous a semblé être la plus claire et la plus efficace, le groupement autour de centres d'intérêt facilitant la mémorisation.

L'assimilation de ce vocabulaire devra surtout viser à être «passive». Il s'agira en effet beaucoup moins de chercher à *connaître* ces mots pour les utiliser que d'être capable de les *reconnaître* pour les comprendre. Les synonymes argotiques étant nombreux, on trouvera environ 775 termes de la langue familière, correspondant à environ 375 mots ou locutions de français standard. Bien entendu, cette nomenclature est très loin d'être complète, mais notre tâche consistait à choisir et non à tendre vers l'exhaustivité.

Présenter le vocabulaire ne suffisait pas. Il fallait aussi illustrer son emploi dans des contextes significatifs. On trouvera donc, après chaque liste thématique, un dialogue, qui reprendra un certain nombre des termes étudiés et montrera comment ils sont utilisés. On s'est efforcé, en outre, de donner une idée du rythme d'élocution, en signalant notamment les élisions, qui rendent souvent la compréhension difficile aux étrangers. La lecture de ces petits dialogues sera une manière d'introduction à l'étude des textes de formes diverses figurant dans les chapitres suivants.

Quelques mots-clés

Avant d'aborder méthodiquement l'étude thématique du vocabulaire familier et argotique, voici quelques dizaines de mots et d'expressions qui reviennent sans cesse dans les conversations et dont la connaissance vous aidera à entrer dans le jeu. Les jugements formulés en langue argotique— notamment par les jeunes—sont généralement brefs et catégoriques. En outre, l'emploi souvent abusif du superlatif absolu accentue encore leur caractère peu nuancé.

Deux «intensifs», signifiant «très», «extrêmement» (devant un adjectif)— «beaucoup», «fort», «violemment» (après un verbe)—sont d'un emploi constant. Il s'agit de *vachement* et de *drôlement*. Ces mots ont perdu leur sens originel et c'est pourquoi on pourra parfois entendre des associations plutôt insolites:

Il est vachement sympa(thique).

Ma sœur est drôlement triste en ce moment.

Une vache désigne, à l'origine, un individu méchant, sans pitié. Comme adjectif, il signifie «sévère», «injuste», «méchant». L'adverbe *vachement* veut dire «méchamment». Dans la langue familière *méchamment* signifie parfois «très» / «beaucoup». (Ce bifteck est méchamment bon. / Il pleut méchamment.) *Vachement* a pris le même sens dans les années '60.

Drôlement = d'une façon anormale, bizarre. D'où le sens de «étonnamment» / «extraordinairement». (C'est extraordinairement bon. → C'est drôlement bon.)

Quelques adjectifs— ou extrêmement laudatifs, ou extrêmement péjoratifs, sont aussi sans cesse employés:

chouette	agréable, beau, bon
con / conne	bête, stupide
débile	idiot, crétin
dégueu / dégueulasse	sale, dégoûtant, mauvais
extra	extraordinaire, formidable
génial	très intéressant, prodigieux

impec	impeccable, parfait
minable	médiocre, lamentable, méprisable
moche	laid, peu intéressant, désagréable
sensass	sensationnel, remarquable
super	étonnant, merveilleux
sympa	sympathique, agréable
tarte	laid, bête, sot et ridicule
tocard	ridicule, laid, lamentable

L'association des ces adverbes et de ces adjectifs permet déjà de former des phrases quotidiennement entendues, parfaitement authentiques:

Tu connais Laura? Elle est vachement sympa, non?

La copine de Jean-Marc est drôlement moche, je trouve.

Ce film est drôlement chouette. Tous les acteurs sont sensass.

Hier, j'ai vu un film vachement minable. Des acteurs complètement tartes!

Bruno a eu une idée vachement géniale. Il va se tondre le crâne. Super, non?

Philippe a parfois des idées drôlement débiles. Il veut être percepteur! Vachement con, je trouve!

J'ai repeint ma moto. Drôlement impec! Une couleur vachement chouette.

T'as vu la bagnole d'Éric? Drôlement dégueulasse! Un engin complètement tocard.

D'autres qualificatifs, tels que *marrant / crevant* («amusant», «drôle» et *chiant / emmerdant* («ennuyeux», «embêtant») sont également souvent employés et associés aux «intensifs» *vachement / drôlement*. (Là encore, *drôlement marrant* ne semble pas pléonastique et veut simplement dire «très amusant».)

Des préfixes superlatifs, tels que *super- / hyper- / archi-*, permettent enfin de nombreuses associations: *superchouette, hypergénial, archicon*, etc.

Un certain nombre de substantifs sont d'un emploi fréquent. Citons seulement à titre d'exemples:

du fric / du pèze / *du pognon*	de l'argent
un copain, une copine	un(e) camarade
un gosse / un môme / *un mouflet*	un enfant
une bonne femme / *une nana*	une femme
une nénette / une pépée / *une môme*	une fille

un mec / un type / *un gars*	un homme
un bidule / un machin / *un truc*	un objet quelconque (n'ayant pas de nom précis; dont on ignore ou dont on a oublié le nom)
le boulot	le travail
les fringues	les vêtements
une bagnole / *une chignole / une tire*	une voiture (automobile)

Quelques locutions reviennent souvent dans les conversations:

avoir du bol / du pot	avoir de la chance
Manque de pot!	Pas de chance!
en avoir marre / en avoir *ras le bol*	en avoir assez
Il y en a marre! / *Y en a marre!*	Ça suffit!
Je m'en fiche! / *Je m'en fous!*	Je m'en moque. / Ça m'est égal.

Nous nous arrêterons là, car tout ce vocabulaire réapparaîtra dans la présentation thématique des pages suivantes.

Mais on constatera qu'en combinant la cinquantaine de mots qui viennent d'être donnés avec les structures du chapitre précédent, on peut déjà former bon nombre de phrases typiques du langage familier et argotique que l'on entend quotidiennement en France. Là encore, nous nous contenterons de citer quelques exemples que le lecteur devrait maintenant comprendre sans difficulté:

– J'vois pas l'machin pour nettoyer la bagnole. Tu t'en es servi quand? Où tu l'as mis?

– C'est qui ç'te nana? Elle est vachement chouette! Tu l'as rencontrée où?

– Tu fais quoi en ç'moment? —J'ai trouvé du boulot, mais c'est un truc drôlement con.

– Ça coûte combien, ces fringues? —Vachement cher. Mais j'm'en fous. J'peux rien acheter. J'ai pas d'fric.

– Qui c'est qui a sonné? —Le mec d'en face. J'en ai marre de l'voir tout l'temps ici.

– Avec qui tu étais? —Une copine drôlement sympa. Un coup d'pot d'l'avoir rencontrée.

On le voit, l'«embrayage» est enclenché. L'initiation au vocabulaire va maintenant pouvoir progresser de façon méthodique.

Le visage—le corps

Le visage

une barbouse (barbouze)	une barbe
chouette / extra / sensass / super / du tonnerre	beau / belle
la boîte / la gueule	la bouche
les tifs	les cheveux
les crocs	les dents
moche / pas jojo / tarte	laid(e)
des bacchantes (bacantes)	la (des) moustache(s)
le blair / le pif / le tarin	le nez
les esgourdes	les oreilles
bigler / mater / reluquer / viser / zyeuter	regarder
la caboche / la cafetière / le caillou / le ciboulot	la tête
la bobine / la bouille / la gueule / la poire / la pêche / la tronche / la trombine	le visage
les mirettes	les yeux

Dialogue

Dans le dialogue qui suit chacune des listes de vocabulaire, le nombre des mots familiers ou argotiques est souvent plus élevé qu'il ne le serait d'ordinaire. Mais il s'agit avant tout de montrer l'emploi du vocabulaire dans un context significatif—et en situation. D'autre part, la transcription phonétique de certains mots et expressions donnera au lecteur une idée de la prononciation et du rythme, qui jouent un rôle essentiel et déroutent souvent les étrangers qui n'y ont pas été préparés.

— T'as vu Marlène, la copine de Jacky? Vachement chouette, la môme, non?

— Moi, j' la trouve plutôt tarte . . . Des tifs tout raides, un grand pif, des mirettes de myope, des crocs comme des touches de piano . . .

— En tout cas, elle est moins moche que Jacky!

— Ça, c'est pas difficile! Lui, avec son blair et ses esgourdes de boxeur, sa barbouze de clochard et ses bacchantes en guidon d'vélo, il a une tronche à faire peur, le mec! . . . Marlène et lui, y font vraiment une belle paire, crois-moi!

Le corps

(homme ou femme) *être bien balancé(e) / bien baraqué(e);* **(femme)** *avoir un beau châssis / être bien roulée*	(être) bien bâti(e)
un lardon / un(e) môme / un(e) mouflet(te) / un moutard / un(e) gosse	un(e) enfant
le buffet / la lampe (s'en mettre plein la lampe)	l'estomac
une nana / une pépée	une femme
une mémé	une vieille femme
une minette / une môme / une nénette	une fille
les miches	les fesses
balèze (balaise) / costaud / malabar	fort
un gars / un mec / un type	un homme
un pépé / un vieux schnock	un vieil homme
les guibolles / les pattes / les quilles	les jambes
la cuiller / la pince (seulement dans *serrer la cuiller à qqn / serrer la pince à qqn*) / *la pogne* (dans *serrer la pogne à qqn / avoir, tenir qqch en pogne*)	la main
les arpions / les panards	les pieds
la caisse / le coffre (homme); *l'avant-scène / le balcon* (femme)	la poitrine
le cul / le pétard / le popotin / le postère	le postérieur
les doudounes / les lolos / les nénés / les nichons	les seins
le chat / la chatte / le con	le sexe (femme)
la bite, la pine, la queue, le zizi, le zob	le sexe (homme)
le bide / le bidon	le ventre
avoir de la brioche	avoir un gros ventre

Dialogue

– Les films, c'est toujours le même truc—des nanas sensass, drôlement bien roulées, des mecs vachement balèzes—des histoires de fesses, de bagarres et de coups de poings sur la gueule—tout ça, c'est pas très varié!

– C'est quand même plus chouette que si t'montraient des mémés mal foutues et des vieux schnocks avec de la brioche, non? . . . Des actrices avec des nénés comme des œufs sul plat, des guibolles comme des manches à balai et des arpions comme des péniches, c'est pas ça qui attirerait les foules, tu sais! Le cinoche, faut qu'ça fasse rêver, mon vieux!

La nourriture

La boisson

un apéro	un apéritif
A la tienne! A la vôtre! / Tchin-tchin!	A ta santé! A votre santé!
avoir la gueule de bois	avoir la bouche sèche et empâtée (après avoir trop bu)
picoler / pinter	boire beaucoup
boire un coup / boire un godet / prendre un pot / s'en jeter un / s'envoyer un verre	boire (un verre)
boire un demi / prendre un demi blonde, un demi brune / une blonde, une brune	boire un verre de bière
boire un canon / prendre un coup de blanc / s'envoyer un coup de rouge	boire un verre de vin
un litron	une bouteille
un noir / un petit noir	un café (boisson)
du jus	du mauvais café
un crème	un café-crème
un bistro, un bistrot	un café (lieu)
arroser ça («Ça s'arrose!»)	célébrer un événement en buvant
le zinc	le comptoir de café
de la flotte	de l'eau
de la gnôle	de l'eau-de-vie

beurré / bourré / givré / plein / rond	ivre
avoir un coup dans l'aile /avoir un verre dans le nez	être légèrement ivre
un poivrot / un soûlaud	un ivrogne
une poivrote / une soûlaude	une ivrognesse
du blanc/ du rosé / du rouge, du pinard	du vin
du picrate	du mauvais vin

Dialogue

— Jean-Marc n'arrête pas d'picoler. Deux ou trois apéros avant l'déjeuner, du blanc et du rouge à tous les r'pas . . . Et ensuite, il trouve encore l'occasion d's'envoyer un verre ici ou là, ou d'prendre un pot avec des copains. Du matin au soir, il a un verre dans l'nez!

— C'est vrai. Y dit toujours, en vous emmenant au bistrot: «Viens, on va arroser ça!» Mais à force de pinter, y va dev'nir un vrai poivrot. Hier soir, il était encore complètement bourré . . .

— Y va finir par s'rendre malade. Une cuite de temps en temps, ça peut passer, mais pas quatre ou cinq bitures par semaine! Le lend'main matin, il a une gueule de bois terrible—mais, comme petit déjeuner, y prend pas un noir ou un crème . . . Y s'envoie deux ou trois coups de blanc sul zinc!

— Y dit toujours: «A la tienne! A ta santé!» Mais sa santé à lui, elle en prend un sacré coup! Et quand on lui dit «L'alcool tue lentement» —y répond: «Ça fait rien! J'suis pas pressé!»

Les aliments solides

avoir un creux / crever de faim / la sauter	avoir faim
la cuistance / la tambouille; (salle, pièce) *la cuistance*	la cuisine (préparation)
un cuistot	un cuisinier
du frometon	du fromage
des fayots	des haricots blancs
becter / bouffer / boulotter / casser la croûte / casser la graine	manger
s'empiffrer / s'en mettre jusque là / s'en mettre plain la lampe / se taper la cloche	manger copieusement
bouffer des briques	ne rien avoir à manger
la bectance / la bouffe / la boustifaille	la nourriture
saucissonner	pique-niquer
des patates	des pommes de terre
des frites	des pommes de terre frites
manger un casse-croûte / manger sur le pouce	prendre un repas sommaire
une bouffe / une bonne bouffe / un gueuleton	un repas copieux
un restau (un resto)	un restaurant
de la barbaque / de la bidoche	de la viande (souvent péjoratif)

Dialogue

– On bouffe vach'ment mal dans ç'restau! Toujours des fayots, des patates mal cuites, d'la bidoche infecte, du from'ton du mois dernier! . . . J'en laisse les trois quarts dans mon assiette et une heure plus tard je r'commence à crever d'faim! C'est comme si j'avais rien becté et j'suis obligé d'aller r'casser la graine au bistrot . . . Y faut qu'on trouve un autre restau avec un meilleur cuistot!

– T'as raison. Mais d'main, j't'invite chez moi. On s'f'ra une bonne bouffe . . . Rien que d'la boustifaille extra. Un vrai gueul'ton! J'te jure que t'aim'ras ma tambouille!

Les vêtements

un bitos / un galure	un chapeau
des croquenots / des godasses / des godillots / des pompes	des chaussures
une liquette	une chemise
un costard	un costume
se défringuer / se mettre (se fiche[r] / se foutre) à poil	se déshabiller
se fringuer / se frusquer	s'habiller
bien fringué / bien sapé	bien habillé
mal ficelé / mal fringué / fichu (foutu) comme l'as de pique	mal habillé
un imper	un imperméable
un falzar / un froc / un futal	un pantalon
un pébroque / un pépin / un riflard	un parapluie
un pardingue	un pardessus
un survêt	un survêtement (de sport)
des fringues / des frusques	des vêtements

Dialogue

– J'ai mal aux arpions! Ces godasses sont trop petites. Faut qu'je m'paie une autre paire de pompes.

– Dis donc, avant t'étais toujours ficelé n'importe comment. Mais maintenant, t'es vachement bien sapé . . . Tout à fait B.C.B.G. (bon chic, bon genre).

– C'est à cause de Carine. Elle aime pas que j'sois mal fringué . . . Mais chez moi ou en vacances, c'est pas souvent qu'tu m'verras avec un costard. Pas d'liquette. Juste un pull et un vieux falzar. Ou un survêt.

– C'est comme moi. Et en hiver, j'mets jamais d'pardingue. Juste un imper. J'ai jamais froid. Et puis, moi, les fringues, j'm'en fous!

La famille—les amis

un copain, une copine	un(e) ami(e)
un beauf	un beau-frère
un gnard (niard) / *un lardon*	un bébé
un(e) minet(te) / *un minou*	un(e) chat(te)
un cabot / un clébard / *un clebs (souvent* *péjoratifs un sale cabot /* *un affreux clébard)*	un chien
des gosses / des mioches / *des mômes / des mouflets*	des enfants
toute la smala	toute la famille
ma bourgeoise, ma moitié	ma femme (ironique, au sens d'épouse)
«Salut, fiston!» / *(ironiquement) «Voici* *mon rejeton!»* *(prononcer rej'ton)*	mon fils (familièrement, en s'adressant à un jeune garçon)
un frangin	un frère
la mémé	la grand-mère (nom familier donné par les enfants à leur grand-mère) *«Bonjour,* *mémé!» «Bonjour, mamie!»*
le pépé	le grand-père (*«Bonjour, pépé!»* *«Bonjour, papi!»*)
bonhomme	mon mari (ironique ou péjoratif) (*«Mon bonhomme ne voudra pas.»* / *«Son bonhomme est un drôle de type.»*)
la mater (récent et vulgaire) *(prononcer* *matère) / la maternelle*	la mère (récent et vulgaire)
tonton (langage enfantin ou ironiquement)	l'oncle (—*Dis bonjour à Tonton Robert!* —*Bonjour, tonton!*)
mes vieux	mes parents (vulg.)
le pater (prononcer *patère) / le paternel*	le père
une frangine	une sœur
tata / tatie	la tante

Dialogue

– Allo, c'est toi, Nadine? . . . Merci d'avoir téléphoné pour nous inviter . . . Oui, ç'aurait été drôlement chouette . . . «La cambrousse», comme tu dis, j'adore . . . Me mettre au vert pendant l'week-end— mon rêve! . . . Malheureusement, ça s'ra pas possible. J'ai ma frangine Sylvie qui s'amène demain avec son bonhomme et ses trois gosses . . . Des mômes terribles! . . . Du coup, tout la smala va rappliquer—papa, maman . . . Tonton Gaston et Tata Rita . . . Oui, bien entendu, avec son affreux clébard, Attila, qui bouffe tout ç'qui voit! . . . Alors, avec François et mes deux mouflets à moi, on s'ra 13 à table! . . . Ben oui . . . La seule solution, ça s'ra d'mettre une chaise et une assiette pour le clebs Attila—pour être 14 . . . Bon, j'te passerai un coup d'fil lundi si j'suis pas morte . . . Tchao!

Les études*

le bac / le bachot	le baccalauréat
une boîte à bachot	une école préparant spécialement au baccalauréat
le bachotage	le travail intensif pour préparer le baccalauréat
bachoter	travailler intensément pour préparer le baccalauréat
un as / un crack	un brilliant élève
un minus	un mauvais élève
piger	comprendre
ne rien (y) piger / n'y entraver que dalle	ne pas comprendre
un dico	un dictionnaire
une disserte	une dissertation
se faire coller / se faire étendre / se faire recaler (à un examen)	échouer
un potache	un élève (de collège, du lycée)
rester sec / sécher	être incapable de répondre à une question
un exam	un examen
la fac	la faculté (partic de l'université)
la géo	la géographie
la gym	la gymnastique
une interro	une interrogation

*Les différentes écoles ont généralement un jargon particulier. Nous nous sommes contentés de signaler ci-dessous un vocabulaire largement employé.

un labo	un laboratoire
bouquiner	lire
un bouquin	un livre
le bahut / la boîte	le lycée / collège
sécher un cours	manquer (volontairement) un cours
les maths	les mathématiques
un matheux, *une matheuse*	un(e) étudiant(e) en mathématiques
la cosse / la flemme	la paresse
être cossard / être	être paresseux
feignant / être	
flemmard / avoir la	
cosse / avoir la flemme	
un(e) prof	un(e) professeur
passer une colle	subir une interrogation
plancher	subir une interrogation au tableau noir
bosser / boulonner / *turbiner*	travailler
chiader une matière	travailler à fond une matière

se fiche(r) dedans /
    se foutre dedans /se
    gourrer / se planter
	se tromper

Dialogue

– J'bosse dur! L'bac est dans un mois. Faut pas que j'me fasse étendre . . .

– T'es fort en quoi? En philo? En langues?

– En disserte de philo, j'suis nul. Rien dans l'ciboulot. J'suis sec . . . En anglais, j'peux rien faire sans un dico . . . Mais à l'exam, on n'a pas de dico. Alors, j'vais sûrement m'planter.

– Et l'histoire? La géo? T'aimes ça?

– J'ai pas d'mémoire! Alors je m'gourre tout l'temps pour les dates . . . Et en géo, c'est pareil—je m'fous d'dans à tous les coups pour les noms: La Libye ou l'Liban? Haïti ou Tahiti? La Zambie ou l'Mozambique? J'fais une de ces salades! . . .

– Alors, pourquoi t'as pas fait des maths? C'est vachement utile, les maths!

– J'y pige rien. J'y entrave que dalle! . . . J'suis bon qu'en gym. Mais là, mon vieux, j'suis super! . . . Tu crois qu'ça suffira?

L'argent

la douloureuse	l'addition, la facture / la note
du fric / de la galette/ *du pèze / du pognon*	de l'argent
être dur à la détente / *les lâcher avec un* *élastique / être radin /* *être rapiat*	(être) avare
le bénef	le bénéfice
un bifton / un fafiot	un billet (de banque)
chéro	cher (prix)
claquer du fric	dépenser de l'argent
abouler son fric / *allonger son fric*	donner son argent sous la menace
taper qqn	emprunter de l'argent à qqn
gagner son bifteck / gagner *son bœuf / gagner sa croûte*	gagner sa vie
à l'œil / gratis	gratuitement
de la mitraille	de la (petite) monnaie
une occase (c'est une bonne *occase; acheter une voiture* *d'occase)*	une occasion
banquer / casquer	payer
prendre un coup de fusil (dans un restaurant, etc.) */ se faire* *arnaquer / se faire avoir /* *se faire estamper / se faire rouler*	payer trop cher
bourré de fric / plein aux as	riche
être à sec / être dans la *mouise / être dans la purée /* *être fauché / être sans* *un radis / être sans un rond*	(être) sans argent
1 F = 1 balle (= 100 anciens *francs); 10 F = 1 ticket =* *1 billet = 1 sac = 10 balles* *(= 1.000 AF); 100 F = 100 balles* *= 10 sacs (= 10.000 AF);* *10.000 F = 1 brique* *= 1 bâton (= 1.000.000 AF)*	sommes d'argent

Dialogue

– On dit qu'le fric fait pas l'bonheur. Mais l'manque de fric non plus!

– T'es encore fauchée, Sylvie?

– Ben oui. Comme d'habitude. Plus un rond . . .

– Tes parents sont radins? Ils veulent pas banquer?

– Si, mais y lâchent leur pognon avec un élastique. Ils savent que quand j'en ai, j'claque tout en huit jours. Le cinoche, les fringues, le bistro, le restau—j'sais pas compter! Même si j'étais bourrée d'fric, à la fin du mois, j's'rais à sec.

– Alors, tu t'débrouilles comment? Tu fais quoi? Tu bouffes des briques?

– Non. J'tape les copines ou les copins. A propos, tu pourrais pas m'filer 100 balles?

L'activité professionnelle

avoir du punch	avoir de l'allant
avoir du pot / avoir la baraka / être veinard / être verni	avoir de la chance
avoir un coup de bol / avoir un coup de pot	avoir un coup de chance
avoir la guigne / avoir la poisse	avoir de la malchance
Quelle guigne! Quelle poisse! Manque de pot!	Quelle malchance!
se creuser le ciboulot / se creuser les méninges / se casser la nénette	chercher (des idées, des solutions)
le chômedu	le chômage
un chômedu	un chômeur
balancer / sacquer / vider / virer qqn	congédier / licencier
démolir / éreinter qqn ou qqch	critiquer
se démerder / trouver une combine	se débrouiller
démerdard	débrouillard
se grouiller / se magner / se remuer	se dépêcher
un bordel / un foutoir	du désordre / de la confusion
le boss / le patron	le directeur

(tentative) *foirer / louper;* (spectacle) *faire un bide / faire un four*	échouer / connaître un échec
une boîte	une entreprise / une firme
être à la traine / être déphasé / ne plus être dans le coup	être en retard / être démodé
cafouiller	mal manœuvrer
un cafouillage	une mauvaise manœuvre / une opération manquée
ne pas être à la hauteur / ne pas faire le poids	ne pas avoir la compétence nécessaire
ne rien fiche(r) / ne rien foutre	ne rien faire
un battant	une personne active, dynamique
une cloche / un minable / un ringard / un tocard / un zéro	une personne incompétente / une nullité
de la camelote / de la saloperie	un produit de mauvaise qualité
un boulot / un job	un travail / un emploi
en fiche(r) un coup / en foutre un coup	travailler dur

Dialogue

— J'ai passé mon bac, mais maintenant faut qu'je trouve du boulot. J'ai pas l'intention de m'inscrire au chômedu. J'ai envie d'bosser et d'gagner tout l'fric qu'y m'faut. J'suis prêt à prendre n'importe quel job, pour commencer.

— J'espère que t'auras un coup d'pot! Y faut s'trouver là quand un mec se fait virer parce qu'il fait pas l'poids ou parce qu'y s'tire après avoir turbiné jusqu'à 60 ou 65 piges . . . Ou bien y faut s'démerder— trouver une combine: connaître quelqu'un dans une boîte, s'faire présenter au patron . . .

— Et lui montrer qu'on est pas un feignant, qu'on a du punch! Moi, j'suis un battant. J'suis pas un de ces tocards à la traîne qui ont peur de s'fatiguer. Quand y a du boulot à faire, j'suis toujours prêt à en foutre un coup! Alors, je trouverai. J'sais pas quoi, ni quand, ni où, ni comment—mais j'trouverai. Tu verras!

La santé

attraper la crève	attraper un rhume, la grippe
avoir mal au crâne	avoir mal à la tête
avoir mal aux cheveux	avoir mal à la tête pour avoir trop bu
avoir mal aux crocs	avoir mal aux dents
avoir mal aux arpions	avoir mal aux pieds
avoir mal au bide	avoir mal au ventre
avoir la chiasse	avoir la diarrhée
avoir envie de chier	avoir envie d'aller à la selle
avoir envie de pisser	avoir envie d'uriner
avoir envie de dégobiller / de dégueuler / de gerber	avoir envie de vomir
être claqué / crevé / lessivé / pompé / vidé	être fatigué
avoir un coup de pompe	avoir un coup de fatigue
être mal fichu / être mal foutu / être vaseux	être souffrant / être en mauvaise forme
tomber dans les pommes / tomber dans les vapes / tourner de l'œil	s'évanouir
l'hosto	l'hôpital
être dur de la feuille / être sourdingue	mal entendre
ne pas avoir les yeux en face des trous	mal voir
un toubib	un médecin
se casser une patte	se casser une jambe
la Sécu	la Sécurité sociale
passer sur le billard / se faire charcuter	subir une opération
prendre de la bouteille	vieillir
70/80 berges, 70/80 piges	70/80 ans
prendre un coup de vieux	vieillir brusquement

Le repos

aller à la cambrousse / se mettre au vert	aller à la campagne
un péquenot / un plouc	un campagnard / un paysan (Note: Par extension, ces mots signifient souvent un rustre, un homme sans éducation.)
une carrée / une piaule / une turne	une chambre
en écraser / pioncer / roupiller	dormir
glander / glandouiller / traîner	flâner
un paddock / un pageot / un pieu / un plumard	un lit

*aller au paddock / aller
    au pieu / se pieuter /
    se mettre dans les toiles*
	se coucher

*faire une balade /
    se balader / faire
    une virée*
	se promener

se tenir pénard	se tenir tranquille

Dialogue

- Tiens, salut! Qu'est-ce que tu fous au Quartier Latin? Tu t'balades? Tu glandouilles?

- Penses-tu! J'suis claqué—vidé—lessivé! J'viens d'finir l'oral de mon exam . . . Par ç'te chaleur—pas marrant, j'te jure!

- Viens, j'te paie un pot. On va arroser ça!

- Y a rien à arroser, mon vieux. Je m'suis fait coller . . . Et, par dessus le marché, j'ai attrapé la crève—en plein mois d'juin! J'étais déjà mal fichu hier. Mais aujourd'hui j'suis vachement vaseux . . . Un coup de pompe terrible! J'ai qu'une idée: rentrer dans ma piaule—me foutre au pieu—et en écraser pendant deux jours, sans même bouffer.

- T'as raison. Va pioncer un bon coup et oublie tout ça . . . Si t'es encore mal foutu d'main, appelle le toubib. En attendant, roupille bien . . . Il est midi—mais j'te dis «Bonne nuit!».

La communication écrite et orale—les médias

une B.D. (une BD)	une bande dessinée
un laïusseur	un bavard
jaspiner / laïusser / tailler une bavette	bavarder
le ciné	le cinéma
déconner / dire des conneries	dire des sottises
couper les cheveux en quatre / pinailler	discuter sur de petits détails
discuter le coup / discuter le bout de gras	échanger des idées
tenir le crachoir à qqn	écouter qqn parler sans arrêt
(péjoratif) scribouiller / (longuement) tartiner	écrire
du blablabla / du baratin / des salades	des histoires (mensongères)
un canard / (péjoratif) une feuille de chou / un torchon	un journal
une babillarde / une bafouille / (une longue lettre) une tartine	une lettre
D'acc! / O.K. (prononcer: oké)	Oui. / D'accord! / Entendu!
Des clous! / Mon œil! / Que dalle! / Tu peux toujours courir! / Tu repasseras!	Non. / Rien. / Rien à faire!
pondre (un article, un bouquin, etc.)	produire / écrire (un article / un livre, etc.)
baratiner qqn / bourrer le crâne à qqn / bourrer le mou à qqn / raconter des salades à qqn	raconter des histoires (mensongères) à qqn
clouer le bec à qqn / river son clou à qqn	réduire qqn au silence
un rencard	un rendez-vous

fermer sa boîte / fermer sa gueule / la boucler / la fermer	se taire
le bigophone	le téléphone
bigophoner / donner (passer) un coup de bigophone / un coup de fil	téléphoner
la télé / la téloche	la télévision

Dialogue

– Baisse le son de la radio, Nathalie! J'en ai marre d'entendre ce type laïusser.

– Mais c'est vachement intéressant, papa! C'est d'la pub pour des séances gratuites de cinoche!

– Je te dis de baisser le son! Je ne veux pas entendre les salades de ce baratineur débile. Je travaille, moi!

– Tu travailles pas. Tu lis un bouquin . . .

– Eh bien, tu devrais en faire autant, au lieu d'être tout l'temps plongée dans tes stupides albums de B.D.! Et je te rappelle que tu dois écrire à ta Tante Yvonne, qui est malade.

– Oh moi, tu sais, les bafouilles, c'est pas mon fort . . .

Les sentiments—les réactions émotionnelles

lâcher / laisser tomber / plaquer qqn	abandonner qqn
en pincer pour qqn	aimer qqn
avoir qqn dans la peau	aimer qqn avec passion
être un mordu de qqch (C'est un mordu du jazz / de la moto)	être un amoureux de qqch
baiser / s'envoyer en l'air	faire l'amour
coucher avec qqn / baiser (s'envoyer / se taper / sauter une fille)	faire l'amour avec qqn
crevant / marrant / rigolo	amusant
la ramener / ramener sa fraise	être arrogant
Basta! / Ça va! / Ecrase! / Y en a marre!	Assez! / Ça suffit!
en avoir marre / en avoir par dessus la tête / en avoir plein le dos / en avoir ras le bol / en avoir sa claque	en avoir assez
con / couillon	bête
des conneries / des foutaises / des salades	des bêtises
peloter	caresser (une femme)
être fumasse / être furax / être furibard	être en colère
se mettre (se fiche[r]) / se foutre en boule (en pétard / en rogne) / piquer une crise / voir rouge	se mettre en colère
avoir qqn dans le blair (dans le nez / dans le pif) / ne pas pouvoir blairer qqn / ne pas pouvoir piffer qqn	détester qqn / ne pas pouvoir «sentir» qqn
(se) faire la bise / (se) bécoter / (se) lécher le museau (la pomme)	(s')embrasser

barber / casser les pieds / emmerder / empoisonner / faire chier	ennuyer
avoir le bourdon / avoir le cafard / être dans la déprime	s'ennuyer
barbant / casse-pieds / chiant / emmerdant / empoisonnant	ennuyeux
épater / estomaquer / souffler	étonner
attiger / charrier / y aller fort	exagérer
râler / rouscailler / rouspéter	grogner / protester
râleur / rouscailleur / rouspéteur	irritable / coléreux
bourrer le crâne / bourrer le mou à qqn	mentir à qqn
se fiche(r) de qqn / se foutre de qqn / se foutre de la gueule de qqn	se moquer de qqn
se balancer de qqch / se fiche(r) de qqch / se foutre de qqch	se moquer de qqch / être indifférent à quelque chose.
Je m'en balance! / Je m'en fiche! / Je m'en fous!	Je m'en moque! / Ça m'est égal
des vacheries	des paroles méchantes / des méchancetés
avoir la frousse (la pétoche / la trouille) / avoir les jetons	avoir peur
se dégonfler	renoncer par peur
froussard / trouillard	peureux
le pied	le plaisir / la jouissance
C'est le pied!	C'est très agréable!
prendre son pied	avoir un orgasme / jouir
chialer	pleurer
engueuler qqn / enguirlander qqn / passer une engueulade à qqn / passer un savon à qqn	réprimander qqn

se bidonner / se gondoler / se marrer / rigoler / se tordre / se fendre la gueule (la pêche / la pipe)	rire
avoir du culot / être culotté / être gonflé / ne pas manquer d'air	avoir du toupet / avoir de l'aplomb
se biler / s'en faire / se faire de la bile	se tracasser
(N') te bile pas! / (N') t'en fais pas! / (N') te fais pas d'bile!	Ne te tracasse pas!

Dialogue

– T'en fais une gueule, ma pauvre Julie! T'as l'cafard? T'es dans la déprime?

– Rigole pas! C'est pas l'moment. J'en ai marre! Marre!! . . . Ras l'bol!!!!

– C'est à cause de Jean-Loup, évidemment? Vous vous êtes engueulés? Y t'a plaquée?

– Non, c'est moi! D'puis quèque temps, y m'cassait les pieds. Hier, je m'suis brusquement foutue en rogne et je m'suis tirée . . .

– Et maintenant tu t'dis qu't'as fait une connerie—qu't'as eu tort de t'emballer.

– Mais c'est sa faute! Y râle tout l'temps. J'en ai plein l'dos. Il est vraiment dev'nu trop emmerdant! J'vais pas passer ma vie à chialer à cause de ç'mec, non?

– T'fais pas d'bile . . . Ça s'arrangera . . . Dans deux jours vous vous f'rez la bise. Et puis vous f'rez l'amour. Et ça r'partira comme avant!

– Oui! on r'commenç'ra à s'engueuler, à s'dire des vacheries et à plus pouvoir s'blairer! Quel pied!

– Mais c'est ça la vie à deux, Julie! La comédie . . . Le drame . . . Shakespeare! Le cinoche permanent à domicile! C'est super! . . . T'y piges rien, ma pauvre fille!

Déplacements—transports—voyages

écraser le champignon / mettre (toute) la gomme	accélérer (auto / moto)
foncer / foncer dans le brouillard / rouler à pleins gaz / rouler à toute pompe	aller vite (auto / moto, etc.)
(faire) du stop / (voyager) en stop	l'auto-stop
un vélo	une bicyclette
un casque de motard / une gamelle de motard	un casque de motocycliste. (Note: *motard* signifie aussi gendarme motocycliste de la police routière.)
une contredanse / un P.V. (un procès-verbal)	une contravention
bigorner / bousiller / esquinter	endommager
faire gaffe	faire attention
se grouiller / se magner / se remuer	se hâter
caramboler / emboutir	heurter (Note: *Un carambolage* désigne généralement un accident où plusieurs voitures se sont heurtées.)
une borne	un kilomètre
aller à pattes / aller à pinces	marcher / aller à pied
un mob	une mobylette
une bécane / une meule	une moto
se barrer / se casser / fiche(r) le camp / foutre le camp / mettre les voiles / se tirer	partir / se sauver
à la bourre	en retard
se casser la gueule / se foutre par terre / ramasser un gadin / ramasser une gamelle / ramasser une pelle	tomber
une bagnole / une caisse / une charrette / une chignole / une tire	une voiture (une automobile)

Dialogue

– Allez, magne-toi! Il est 7h10. Faut qu'on soit arrivés dans 20 minutes. J't'attends en bas sur ma bécane. Grouille-toi. On est vachement à la bourre!

– Me v'là! Attends que j'me mette ma gamelle sur la tronche . . . Ça y est! Vas-y! . . . Fonce!

– Tu vas voir qu'une Honsaki, c'est pas une mob! Cramponne-toi! . . .

– Hé là! Hé là! Pas si vite! . . . On va s'casser la gueule! . . . J'tiens pas à ramasser un gadin à 140 à l'heure, moi! . . . Attention! . . . Fais gaffe!! Tu vas emboutir la bagnole! . . . Freine! Freine!!!

– Bon, tu vois que j'me suis arrêté à temps. Pas d'problème . . . T'avais pas b'soin d'gueuler comme un âne! . . . Alors, maintenant, tu la fermes—ou tu prends l'bus! Compris?

Le temps—la température

crever de chaud	avoir très chaud
(se) cailler / crever de froid / peler de froid	avoir très froid
la gadoue	la boue
la purée de pois	le brouillard très épais
cailler (Ça caille dur!) / faire frigo (Il fait frigo.)	faire froid
un imper	un imperméable
un temps de chien / un temps de cochon	un mauvais temps
un pébroque / un pépin / un riflard	un parapluie
il pleut comme vache qui pisse	il pleut très fort
flotter	pleuvoir
la flotte	la pluie

Locutions employées au sens figuré:

Ça me laisse froid. / *Ça ne me fait ni chaud* *ni froid.*	Ça me laisse indifférent.
Ça va chauffer!	Ça va devenir dangereux / houleux!
être dans le brouillard	être dans le vague / être dans la confusion
J'ai eu chaud.	J'ai eu peur.
ne pas être très chaud *pour faire qqch*	ne pas être enthousiaste pour faire qqch

Dialogue

– T'y crois, toi, à leur bulletin météo de la télé? . . . Moi, j'trouve qu'y s'gourrent tout l'temps. Cette semaine, y s'sont foutus d'dans sur toute la ligne.

– Oui, c'est vrai qu'y s'plantent assez souvent pour telle ou telle région. Mais, en général, on crève pas d'chaud quand y disent qu'y va faire frigo, et y a pas un soleil éclatant quand y z'annoncent d'la purée d'pois ou d'la flotte du matin au soir. Faut pas charrier!

– Ouais . . . D'accord! Mais avoue qu'les mec de la météo, y sont assez souvent dans l'brouillard—même par temps clair . . . Et quand y promettent une chaleur torride, moi, ça m'laisse froid . . . / J's'rais pas chaud pour faire ce genre de boulot—même par 30° à l'ombre . . . Mais tu m'connais—j'suis un type qu'a l'esprit d'contradiction!

– C'est le météo anglaise qui est la plus sûre. Eux, y t'annoncent pas de «belles éclaircies possibles». Y t'disent: «Pluie continuelle interrompue par de fortes averses.» Comme ça les gens sont certains qu'y doivent prendre leur riflard!

La violence—la délinquance

un flic / un roussin	un agent de police
braquer qqn	agresser qqn à main armée
un braquage	une agression à main armée
agrafer / cueillir / épingler /pincer (un malfaiteur)	arrêter (un malfaiteur)
bu(t)ter / descendre / flinguer / zigouiller qqn	assassiner / tuer qqn
une pastille / un pruneau	une balle (d'arme à feu)
dérouiller qqn / casser la gueule à qqn / ficher (flanquer / foutre) une dérouillée (une pâtée / une raclée / une trempe) à qqn	battre qqn
se bagarrer / se foutre sur la gueule	se battre
amocher qqn / esquinter qqn	blesser qqn
se camoufler / se planquer	se cacher
faire un casse	cambrioler
un casseur	un cambrioleur
une châtaigne / un gnon / un jeton / un marron	un coup
beugler / gueuler	crier
balancer / donner / moucharder qqn	dénoncer qqn
barder / chauffer (Ça va barder! / Ça va chauffer!)	devenir dangereux
embarquer qqn dans le panier à salade	emmener qqn dans la voiture cellulaire
se cavaler / se mettre en cavale	s'enfuir / s'évader
cinglé / dingue / fada / louftingue / maboul	fou
un flingue	un fusil
une baffe / une beigne / une tarte / une torgnole	une gifle
passer qqn à tabac / tabasser qqn	malmener / donner des coups à un délinquant pour le faire avouer
une manif	une manifestation dans la rue

mettre au bloc (en cabane / à l'ombre / au placard / en taule / au trou)	mettre en prison
le violon	la prison d'un poste de police
un poulet	un policier en civil
un dégonflé / un froussard / un trouillard	un poltron
un feu / un flingue / un pétard	un revolver
chouraver / faucher / piquer	voler
un chouraveur / faucheur / piqueur / roulottier (spécialiste du «vol à la roulotte»—c'est-à-dire, dans les voitures en stationnement)	un voleur
un loubar(d) / un malfrat	un voyou

Dialogue

– Tu m'fais rigoler quand tu lis ton canard. C'est si passionnant, les faits divers?

– Evidemment! Si y avait pas d'faits divers, je m'demande avec quoi on f'rait des films! Ecoute: Cinq loubards font un hold-up dans une banque, buttent le caissier, amochent trois clients, ramassent tout l'fric, flinguent deux agents et l'chauffeur du car de police et s'tirent à bord du panier à salade! . . . Pas mal, comme début d'scénario, non?

– Eh bien, les films de la s'maine à la télé vont t'plaire! . . . Lundi: «*Cinq pruneaux dans la poire!*» . . . Mardi: «*Tu t'casses ou j'te butte!*» . . . Mercredi: «*Le loubard voit rouge!*» . . . Jeudi: «*Mimile-le-Mélomane n'apprécie pas le violon!*» . . . Vendredi: «*Le cinglé va flinguer!*» . . . Samedi: «*Une bonne pâtée pour les poulets!*» . . . Dimanche: «*Requiem pour un mouchard . . .*»

– Ça va être super! Et instructif—pour les honnêtes gens, comme pour les malfrats . . . Des tas d'trucs à apprendre! . . . Vachement culturels, les médias!

Le tabac—la drogue

un(e) clope / une sèche / une tige	une cigarette
une blonde	une cigarette de tabac blond
une brune	une cigarette de tabac brun
en griller une	fumer une cigarette
un barreau de chaise	un gros cigare
une bouffarde	une pipe
un joint	une cigarette de marijuana
de la cam	de la drogue
se camer / s'envaper / se défoncer	se droguer
camé / envapé	drogué
un(e) camé(e)	un(e) drogué(e)
de la blanche / de la neige	de la cocaïne
flipper	être dans un état dépressif après la drogue
être en manque	être privé de drogue
planer	être sous l'effet de la drogue
de la chnouf(fe) / du H / de l'héro	de l'héroïne
de l'acide	du L.S.D.
du chanvre / de l'herbe / du kif	de la marijuana
se shooter	se piquer
une piquouse	une piqûre
un trip	un voyage au L.S.D.

Dialogue

– J'suis claquée . . . On s'asseoit un peu à la terrasse de ç'bistrot? . . . Tu veux une sèche? Une blonde ou une brune?

– Ni l'une ni l'autre. J'fume plus! C'est pas d'la blague. Ça fait un an.

– Et t'as cessé pourquoi? T'étais malade? C'est ton toubib? Y t'l'a interdit?

– Non, pas vraiment. Mais j'avais mal à la gorge. J'toussais comme une mémé d'quatre-vingts piges! J'trouvais ça moche . . . Et puis, j'ai r'marqué qu'j'avais les crocs qui jaunissaient . . . Et mon œil gauche—du côté où j'tenais ma cigarette—y chialait tout l'temps . . . Y dev'nait plus p'tit qu'l'autre . . . Et au réveil, j'avais une espèce de gueule de bois—une haleine qu'était pas extra! . . . J'ai eu l'impression que j'prenais un coup d'vieux: Et un beau matin, j'en ai eu brusquement marre de ç'foutu tabac et je m'suis dit: «Basta!

Terminé!» . . . Et tu m'croiras si tu veux, mais depuis j'en ai plus grillé une!

– Et avant, t'avais jamais fumé un joint, pour voir? Ça t'a jamais tentée?

– T'es pas dingue, non? Est-ce que j'ai une tête à m'camer? J'suis une grande fille toute simple, tu sais! . . . Ma drogue à moi, c'est l'amour . . . C'est comme ça qu'je plane! . . . J'aime mieux l'septième ciel que les paradis artificiels . . .

Les ex-mots tabous

La famille «Cambronne»

En 1815, le général français Cambronne commandait à la bataille de Waterloo l'un des derniers carrés de la Vieille Garde de Napoléon. Sommé de se rendre, il aurait alors, selon certains, noblement répliqué: «La Garde meurt et ne se rend pas!» Selon d'autres, il aurait, plus brièvement, répondu: «Merde!»

Ce «mot de Cambronne» historique a depuis donné naissance à de nombreux dérivés, successivement étiquetés «tabous», «triviaux», «vulgaires», «populaires», pour ne plus être considérés aujourd'hui que comme «familiers». Jadis exclus des dictionnaires, ils figurent dans tous ceux parus récemment. Qu'on le déplore ou non, leur emploi est en effet devenu des plus courants et il faut—sinon les utiliser—du moins bien les comprendre.

(Contrairement à ce qui a été fait dans les rubriques précédentes, on présentera ici d'abord les mots argotiques et on les fera suivre d'une explication ou d'un exemple.)

la merde	**1.** matière fécale, crotte: **J'ai marché dans la merde.**
	2. individu ou chose sans valeur: **Ce tableau, c'est de la merde.**
	3. situation mauvaise: **Tout va mal. Je suis dans la merde.**
	4. exclamation exprimant la colère, le dépit, l'impatience—parfois la surprise, l'admiration: **Merde, j'ai perdu mon porte-feuille! Merde, quelle belle bagnole!**
merdeux / merdique	mauvais, sans valeur: **C'est une affaire merdeuse. Il joue dans un film merdique.**
un merdeux	un adolescent peu sympathique: **Ce gamin est un petit merdeux.**
merder / merdoyer	échouer: **J'ai merdé à mon examen d'anglais.**

un merdier	une pagaille, une confusion: **Impossible de trouver sa lettre dans ce merdier.**
se démerder	se débrouiller: **Démerde-toi pour venir ce soir.**
démerdard (n. & adj.)	personne qui sait se débrouiller: **Il trouvera une solution. C'est un démerdard. Il est très démerdard.**
emmerder	ennuyer, embêter, irriter: **Ce type commence à m'emmerder.**
être emmerdé	être très ennuyé: **Je suis vachement emmerdé d'avoir échoué.**
s'emmerder	s'ennuyer: **Je me suis terriblement emmerdé à ce concert.**
une emmerde / un emmerdement	un ennui, une difficulté: **J'ai des tas d'emmerdements.**
emmerdant	ennuyeux: **Ce bouquin est très emmerdant.**
un emmerdeur	une personne ennuyeuse: **Ce conférencier, quel emmerdeur!**

«Quant au mot qui, plus que sa bravoure, a fait sa renommée, Cambronne s'est toujours défendu de l'avoir prononcé. Interrogé vers 1830 par le Général Bachelu sur sa réponse aux Anglais, Cambronne agacé s'écria: «Comment! Toi aussi! Ça devient emmerdant!»

Jean-Lucas Dubreton, *Soldats de Napoléon* (1977), Editions Taillandier

La famille «Scato»

Il s'agit du verbe «chier» et de ses dérivés, termes directement apparentés à ceux de la famille Cambronne. Ces mots—considérés comme franchement grossiers jusqu'à une date relativement récente (disons 1968)—se sont depuis répandus dans des milieux où ils n'étaient qu'assez exceptionnellement employés. Ils sont maintenant d'un usage très fréquent à l'école, à l'université, chez les jeunes de toutes conditions sociales—et aussi chez bon nombre d'adultes soucieux de ne pas paraître «ringards», en parlant correctement. Il existe, dans les milieux scolaires, universitaires, littéraires, artistiques et «bon chic bon genre», un véritable snobisme de la vulgarité du langage, à des degrés variables.

chier	déféquer: **Les chiens chient partout sur les trottoirs.**
en chier	souffrir, avoir du mal: **J'en ai chié pour gagner ce match de tennis.**
faire chier	ennuyer, embêter (emmerder): **Tu me fais chier.**
se faire chier	s'ennuyer: **Qu'est-ce que je me fais chier à la Sorbonne!**

chiant	ennuyeux, embêtant (emmerdant): **La philo, j'trouve ça chiant.**
chié	réussi, remarquable: **Vachement chié, ce tableau de Picasso!**
un chierie	une chose très ennuyeuse: **Quelle chierie d'avoir à travailler!**
une chiée	une grande quantité: **Ma mère voyage toujours avec une chiée de valises.**
une chiotte	un embêtement (emmerdement): **Ces problèmes de maths, quelle chiotte!**
les chiottes (plur.)	les W.C.: **Il se cache dans les chiottes pour fumer.**
Aux chiottes!	expression pour conspuer quelqu'un = A bas . . . ! / A la porte . . . ! **Aux chiottes, l'arbitre!**

Les termes ci-dessus figurent dans tous les dictionnaires récents, avec, en général, la simple indication *«fam»*. Néanmoins, s'il est utile que les étrangers comprennent ce genre de vocabulaire, il ne leur est nullement conseillé de l'employer!

La famille «Ducon»

L'emploi du mot «con»—au sens de «imbécile», «idiot»—n'est pas nouveau. Il fait son apparition dès avant 1830 et a, de toute évidence, pour origine une attitude «machiste»: le sexe féminin est considéré comme inférieur, stupide, incapable de raisonner. Au cours des décennies, le mot a fait florès et aujourd'hui—comme le soulignait le titre d'une revue de chansonnier parisiens: «Sans le mot CON, Monsieur, le dialogue n'est plus possible!»

con	**1.** (n.) sexe de la femme; **2.** (n.) personne stupide; **3.** (adj.) stupide, bête: **Ce type est un con. Tout ce qu'il dit est con.**
à la con	stupide, idiot: **Il a toujours des idées à la con.**
conne	**1.** (n. fém.) femme/fille stupide; **2.** (adj. fém.) stupide, bête: **Julie est une pauvre conne! Elle est encore plus conne que Maria.**
connard(e)	un peu con: **Il est sympa, mais plutôt connard.**
connasse	idiote: **Drôlement connasse, ç'te nénette!**
une connerie	une action ou un propos stupide: **Il n'arrête pas de faire ou de dire des conneries.**
déconner	dire des conneries: **T'as assez déconné. Ferme-la!**
Ducon / Duconnaud	apostrophe insultante: **Va donc, eh Ducon! J'en ai marre de tes salades, espèce de Duconnaud!**

Dialogue

– Comment est ton nouveau professeur de français, Jojo?

– M. Glossaire? Il est vach'ment sympa! En quatrième, il nous traite en adultes responsable . . . V'là enfin un prof qui est pas con!

– Jojo, je t'interdis d'employer un tel vocabulaire, surtout en parlant d'un membre du corps enseignant! Fais-moi le plaisir de parler un français correct.

– Ben, justement, papa, j'ai vérifié dans l'dico qu'tu m'as offert à Noël . . . Y dit: *«Con: 1. Sexe de la femme. 2. Personne stupide.»* J'ai donc employé le mot propre—au sense No 2, évidemment . . . Dans l'dico, j'ai aussi trouvé le féminin «conne»—et «connard», «connasse», «connerie», «déconner» . . .

– Ça suffit, Jojo! Je te défends d'utiliser ces mots vulgaires!

– Mais, papa, tu r'tardes! Puisqu'y sont dans ton *Dictionnaire de la langue française contemporaine,* y sont corrects, ces mots! . . . Et attends que j'te raconte! . . . L'autre jour, en classe, on étudiait la dérivation. Tu sais, c'est quand on forme des mots plus longs à partir d'une racine. Alors, mon copain Duculot—histoire de rigoler—il a eu l'idée géniale de prendre comme racine le mot «merde». Ça vient du latin «merda». Et il a cité: «merdeux», «merdoyer», «emmerder», «démerdard» . . . et une flopée d'autres dérivés. Drôl'ment fort qu'il est, Duculot!

– Eh bien, j'espère qu'il a été sévèrement puni, ce petit voyou!

– Mais pas du tout, papa! Il a eu 19 sur 20—avec des félicitations pour la richesse de son vocabulaire.

– Eh bien, je vais lui écrire, moi, à ton M. Glossaire, pour lui dire ce que je pense de sa pédagogie! . . . Espèce de cinglé—de louftingue! Y mériterait des baffes sur la gueule, ce pauvre con! Je n'permettrai jamais qu'un mec comme ça transforme la pureté de notre belle langue française en un véritable merdier!

Du français correct au français vulgaire

Correct	Familier ou relâché	Argotique ou vulgaire
Pourquoi es-tu en retard? Qu'est-ce que tu as fait?	Pourquoi t'es en retard? Qu'est-ce que t'as fabriqué?	Pourquoi qu't'es en r'tard? Qu'est-ce que t'as foutu?
Je n'ai pas pu m'échapper. J'ai été retenu par mon père.	J'ai pas pu me débiner. Je m'suis fait coincer par mon père / le paternel.	J'ai pas pu m'tirer / m'tailler. Je m'suis fait coincer par mon vieux.
Il m'a attrapé à cause de mes notes en mathématiques et en géographie. Il m'a dit que j'étais un paresseux et que j'étais juste bon à jouer de la musique stupide. Il m'a confisqué ma guitare.	Il m'a passé un savon à cause de mes notes en maths et en géo. Il m'a dit que j'étais un faignant et que j'étais juste bon à jouer de la musique débile. Il m'a fauché ma guitare.	Y m'a passé une engueulade / Y m'a engueulé à cause de mes notes en maths et en géo. Y m'a traité d'faignant et y m'a dit qu'j'étais juste bon à jouer d'la musique à la con. Y m'a piqué ma gratte.
Ne t'inquiète pas. Je te prêterai la mienne.	T'en fais pas. J'te passerai la mienne.	Te bile pas. J'te r'filerai la mienne.
Il m'a dit qu'en fait d'argent pour les vacances, je ferais mieux de ne pas y compter. Il m'a dit: «Tu n'auras qu'à laver des voitures pour gagner l'argent dont tu auras besoin. Ça te fera du bien.»	Il m'a dit qu'en fait de fric pour les vacances, je pourrais toujours attendre. Y m'a dit: «Tu n'auras qu'à laver des bagnoles pour gagner l'argent qu'il te faudra. Ça t'f'ra pas d'mal.»	Y m'a dit qu'pour ç'qui était du fric des vacances, j'pourrais toujours courir. T'auras qu'à laver des bagnoles pour te faire le fric qu'y t'faudra,» qu'y m'a dit. «Ça t'f'ra les pieds.»
Toujours les mêmes rengaines!	Toujours les mêmes topos!	Toujours les mêmes salades!
Il était très en colère. Vraiment pas de chance! J'ai pensé qu'il valait mieux que je me tienne tranquille jusqu'à ce qu'il parte.	Il était drôlement en rogne. Vraiment pas d'veine! J'ai pensé qu'il valait mieux me tenir peinard jusqu'à ç'qu'il parte.	Il était vachement en pétard. Tu parles d'un manque de pot! Je m'suis dit qu'y valait mieux que j'm'écrase jusqu'à ce qu'y s'tire.
Ah, la famille, ça n'est vraiment pas drôle.	Ah, la famille, c'est vraiment pas marrant.	Ah, la famille, moi, j'en ai ras le bol / ça commence à m'emmerder / à me faire chier!
Vivement qu'on quitte le lycée et qu'on entre en faculté!	Vivement qu'on quitte le bahut et qu'on entre en fac!	Vivement qu'on foute le camp d'la boîte et qu'on entre en fac!
Tu crois que ce sera plus agréable?	Tu crois que ce s'ra plus sympa?	Ça s'ra plus chouette, tu crois?
Evidemment! La «faculté», ça doit vouloir dire la faculté de faire ce que l'on veut, de travailler ou pas. Plutôt agréable, tu ne trouves pas?	Tu parles! La «faculté», ça doit vouloir dire la faculté de faire ç'qu'y t'plaît, de bosser ou de ne rien fiche. C'est extra, non?	Et comment! La «fac» ça veut dire la faculté d'faire ç'qui t'botte, de turbiner ou de rien foutre. Vachement chouette, non?

Il est évidemment impossible de tracer des frontières parfaitement nettes entre les trois niveaux. Il faut tenir compte de la personne à qui l'on parle, du lieu où l'on se trouve, des circonstances dans lesquelles on est placé, du ton dont les paroles sont prononcées, etc. Mais nous pensons néanmoins que les trois rédactions parallèles permettent de se faire une bonne idée des nuances qui existent entre les trois versions et de sentir les limites qu'il est sage—en tant qu'étranger—de ne pas dépasser, même si certains Français, à tort ou à raison, se montrent moins prudents.

3 À travers la presse

Il nous a paru intéressant de rassembler dans ce chapitre un mini-florilège de titres argotiques parus dans la presse. Certes, il serait tout à fait faux de croire, d'après ces montages, que la langue familière tient dans ces publications une place prépondérante. Mais ces quelques pages—qui ne représentent qu'une très faible partie des documents que nous avions rassemblés—suffisent à prouver que le vocabulaire argotique a maintenant droit de cité dans les journaux, sans doute parce que, comme les faits divers, il fait partie de la vie.

Il serait inexact de penser que ces titres ont été empruntés à une presse spécialement destinée à un public «populaire». Il n'en est rien. Ils ont été puisés dans les quotidiens parisiens les plus connus—*France-Soir, Aujourd'hui, Libération, Le Quotidien de Paris*, etc.—et dans des hebdomadaires de qualité comme *Le Point, L'Express, Le Nouvel Observateur*. On remarquera aussi, en fin de chapitre, l'article humoristique de la journalists Claude Sarraute intitulé «Parapluie». It est écrit—fort bien—en un style souvent familier ou argotique et l'on sera peut-être (agréablement) surpris d'apprendre qu'il a fait partie d'une chronique quotidienne de la même veine, publiée en 1984 dans *Le Monde*, journal réputé, entre autres choses, pour la sévérité de sa présentation et la rigueur de sa rédaction. Ajoutons que cette chronique insolite a connu le plus vif succès.

On sera également frappé, dans les pages suivantes, par la vogue de l'argot dans les titres de films et de pièces de théâtre: *La Boum, Le Tube, L'Intoxe, Les Sales Mômes*, etc. Le fait de voir sans cesse de tels titres placardés en lettres géantes sur les murs—et également le fait d'être ainsi amené à prononcer des mots que l'on bannissait peut-être auparavant de son vocabulaire—a certainement contribué à leur acceptation rapide, puis à leur réemploi dans d'autres circonstanccs, par le public. Quand on songe qu'en 1946, le titre de la pièce de Jean-Paul Sartre *La Putain Respectueuse* avait fait scandale et que les affiches portaient pudiquement: *La P . . . Respectueuse,* on mesure le chemin parcouru dans l'évolution du langage.

L'authenticité des documents de cette section devrait contribuer à montrer que l'étude entreprise dans cet ouvrage correspond bien à une réalité qu'on ne peut négliger.

Messieurs les pisse-vinaigre !

YAKA Y CROIRE !

« Si Paris intervient il se casse la gueule »

Le Président s'esbigne

les ministres se défilent

S.O.S. JAGUAR CASSE-GUEULE

Et oui à la « manif » ... pour rigoler

Pas des gros durs mais des paumés

« Fauché » ...

« T'as pas cent balles ? »

Viens chez moi j'habite chez une copine

La bouffe est chouette

Tiens, je t'ai trouvé du boulot

Les faux-jetons

Un culot sans bornes

une gueule redoutable :

Tronche impossible, impensable.

Vous vous foutez du peuple !

les Français en ont ras le béret !

Les poulets ont des problèmes de flic

Le droit d'ouvrir sa gueule

Notes

les pisse-vinaigre	personnes qui font des réflexions acides et désagréables
yaka	il n'y a qu'à, il suffit de (généralement suivi d'une solution stupide et simpliste)
se casser la gueule	tomber, faire une chute; (ici) échouer
s'esbigner	partir discrètement, s'esquiver
se défiler	se dérober devant une difficulté
casse-gueule	dangereux
la manif	manifestation dans la rue pour protester contre qqch
rigoler	rire, s'amuser bruyamment
des gros durs	individus violents qui ne reculent devant rien
des paumés	individus qui ont perdu leur place dans la société, qui sont à la dérive
fauché	sans argent
T'as pas cent balles?	Tu n'as pas cent francs? (100 «anciens francs» = 1 franc d'aujourd'hui) Phrase-type que prononçaient les jeunes qui «faisaient la manche» pendant les manifestations politiques de 1968. L'expression est restée. (*faire la manche* = demander de l'argent aux passants)
un copain/une copine	un/une camarade
du boulot	du travail
la bouffe	la nourriture
chouette	bon(ne), agréable
un culot	audace, impudence, aplomb
les faux-jetons	hypocrites
une gueule/une tronche	une figure, une tête
Vous vous foutez du peuple!	Vous vous moquez du monde!
le béret (basque)	coiffure ronde et plate àutrefois portée par un assez grand nombre de Français
en avoir ras le béret	en avoir assez, en avoir ras le bol
les poulets	policiers en civil, enquêteurs de la police
flic	un agent de police en uniforme (Les enquêteurs ont des problèmes concernant un agent de police.)
ouvrir sa gueule	ouvrir la bouche, donner son opinion

Exercises

A. Complétez les remarques suivantes par des phrases commençant par «y a qu'a» et proposant une solution stupide.

Exemple: *Y a trop d'échecs scolaires.*
                  Y a qu'à supprimer les examens.

1. Y a trop de voitures dans les rues.

2. Y a trop d'élèves dans les classes.

3. Y a trop de chômeurs dans ce pays.

4. Y a trop de vêtements dans cette armoire.

5. Y a pas assez de profs dans les lycées.

6. Y a pas assez de logements pour les pauvres.

7. Y a trop de taulards dans les prisons.

8. Y a trop de livres sur ces rayons.

B. Complétez les phrases par des mots ou expressions argotiques figurant à la page 48.

1. Ce matin j'ai rencontré un pauvre _____ qui m'a demandé de lui trouver du _____.

2. Cette vieille voiture est vraiment _____-_____.

3. Ce type ne tient que des propos acides. C'est un vrai _____-_____.

4. Je ne crois un mot de ce que dit Eric. C'est un _____-_____.

au pays des braqueurs

ESCRIME

Du rififi chez les Mousquetaires

FOOTBALL
La guigne
LE GARDIEN S'EST BLESSÉ

Ma Tante, dernier refuge des fauchés

Un cobaye, cinq toubibs...

«Mon copain Mozart»

Six millions de jeunes électeurs à séduire

LA DRAGUE

Une bavure de l'autodéfense

LES TRUQUEURS

une protection contre les «loubards»

L'ardoise
Giscard nous prépare une addition plutôt salée

L'Etat providence bouffe la cagnotte

Notes

des braqueurs	des malfaiteurs faisant des attaques à main armée
du rififi chez les Mousquetaires	de la bagarre/de la discorde chez les escrimeurs (pendant une compétition sportive), d'après le célèbre roman d'Alexandre Dumas *Les Trois Mousquetaires* [1844]
la guigne	la malchance
le gardien	le gardien de but
(chez) ma Tante	au mont-de-piété *(old slang: at my uncle's = at the pawnshop)*
des fauchés	des personnes sans argent
Un cobaye, cinq toubibs	cinq médecins pour un malade sur lequel on fait des expériences (un cobaye = *a guinea-pig*)
un copain	un camarade, un ami
la drague	tentative pour séduire (ici, les électeurs)
une bavure	un accident regrettable, généralement involontaire
les truqueurs	tricheurs, individus qui trompent la confiance des gens
les loubards	jeunes voyous, jeunes marginaux au comportement agressif
l'ardoise	somme d'argent que l'on doit (et que l'on notait autrefois sur une ardoise dans les cafés ou les boutiques)
une addition salée	une note, une facture très élevée; (ici) une somme importante d'impôts
Valéry Giscard d'Estaing	Ministre des Finances et des Affaires économiques, puis Président de la République française
l'État Providence	l'État qui aide, qui secourt (comme *the welfare state* en Grande-Bretagne)
bouffer	manger; (ici) dépenser
la cagnotte	l'argent versé par les contribuables et en principe gardé en réserve

Exercises

A. Remplacez les mots en italique par des équivalents argotiques figurant à la page 51.

1. Jean était un très bon *camarade,* mais il est en train de devenir un vrai *voyou.*

2. Il y a eu *un accident regrettable* et un policier, croyant tirer sur un *malfaiteur,* a blessé un passant.

3. Quelle *malchance! Je n'ai plus d'argent* et je n'ai même pas de quoi *manger*. Cet après-midi, je porterai ma moto *au mont-de-piété.*

4. La semaine derniére, je suis allé dans un bon restaurant. Mais *la note* était terriblement *élevée.*

B. Répondez affirmativement aux questions suivantes en employant des mots familiers ou argotiques.

1. La *note* du restaurant était-elle très élevée? — Oui . . .

2. Y a-t-il beaucoup de *jeunes marginaux* dans cette ville? — Oui . . .

3. Philippe est-il un de tes bons *camarades?* — Oui . . .

4. Le Docteur Martin est-il ton *médecin?* — Oui . . .

5. Est-ce *la malchance* qui t'a fait échouer à ton examen? — Oui . . .

C. Complétez les phrases suivantes en choisissant à la page 51 les mots ou expressions argotiques qui conviennent.

1. Pour faire progresser la médecine, les _____ ont besoin de _____.

2. Mario est un vrai don Juan. C'est un spécialiste de __ ____.

3. Je suis complètement _____, mais David va me prêter 500 francs pour que je puisse payer __ ____ que j'ai au restaurant. David est un bon _____, toujours très généreux.

FRIC

Trouvez la combine

Ces p'tites nanas

CE N'EST PAS UN CANULAR !

Claude Zidi : « C'est con »
C'EST une question con d'un journal con !

Une manif manipulée

Du fric en chaîne

Les garages à fringues

Y'a de la casse !

Super bécane

e dragueur

PS Crêpage de chignon

LE BILLET D'UNE EMMERDEUSE

Le super « casse »

Ces dingues du volant

LA BOUM
10e semaine de succès
DANS LES MEILLEURES SALLES PARIS-PÉRIPHÉRIE

JEANNE MOREAU
JACQUES DUFILHO
L'iNTOXE
comédie nouvelle de
FRANÇOISE DORIN

LE ROI DES CONS
un grand film d'Amour

les profs

Dialogue de taulards

Vacances : l'arnaque

La belle carrière du flic-étudiant

Notes

la combine	la combinaison, le moyen ingénieux, mais peu scrupuleux, pour parvenir à ses fins
le fric	le argent
un canular	une blague, une mauvaise plaisanterie pour abuser de la crédulité de quelqu'un
des nanas	des femmes, des jeunes femmes
C'est con	C'est stupide
une manif manipulée	une manifestation (dans les rues) non spontanée, dirigée de façon plus ou moins occulte
du fric en chaîne	de l'argent (à gagner) par une série d'opérations qui s'enchaînent
Y'a de la casse!	Il y a des dégâts
les garages à fringues	magasins de vêtements (souvent bon marché ou d'occasion)
une bécane	une bicyclette, un vélo; parfois, une moto
le dragueur	quelqu'un qui drague, qui traîne dans les lieux publics (rues, cafés, etc.) à la recherche d'une aventure amoureuse
PS Crêpage de chignon	disputes, querelles au Parti Socialiste (*se crêper le chignon* se battre entre femmes, s'arracher les cheveux; *le chignon* partie de la chevelure ramenée derrière la tête)
le billet d'une emmerdeuse	brève chronique (dans un journal) écrite par une femme qui dit des choses désagréables à entendre (*un emmerdeur/une emmerdeuse* personne qui ennuie, gêne, dérange)
le super «casse»	cambriolage sensationnel
des dingues du volant	des personnes qui conduisent leurs voitures comme des fous (*un dingue* un fou; *le volant* organe qui permet de diriger la voiture)
la boum	surprise-partie, soirée que les jeunes organisent
l'intoxe	l'art d'intoxiquer, d'influencer insidieusement les esprits (par la propagande, par de fausses nouvelles, etc.)
l'arnaque	l'escroquerie, la tromperie
le flic-étudiant	agent de police qui poursuit en même temps ses études
des taulards	des prisonniers, des détenus (*être/aller en taule* être/aller en prison)

Exercises

A. Remplacez les mots en italique par des synonymes argotiques de la page 54.

1. Ce type est vraiment *le champion des imbéciles.*

2. Ces *femmes* ne pensent qu'à acheter *des vêtements* et à *se disputer.*

3. Hier, nous avons fait *une blague* à notre *professeur* de français. Il a trouvé que nous étions complètement *fous.*

4. Un voyage en Italie pour 500 F. C'est sûrement *une escroquerie!* Mais il faut que je trouve *un moyen ingénieux,* afin d'aller deux jours à Venise. Le problème, c'est toujours *l'argent.* Je ne peux tout de même pas faire *un cambriolage* dans une banque! Et je ne vais pas aller en Italie *à bicyclette!*

5. Des *conducteurs fous* ont renversé dix personnes dans la rue. Aujourd'hui, ils sont *en prison.*

6. Ce type est *un imbécile* et sa femme est *une personne très ennuyeuse.* Quel couple charmant!

B. Transposez les phrases suivantes en français correct, en corrigeant à la fois les structures grammaticales familières (voir le chapitre 1) et le vocabulaire argotique.

1. La boum dont tu parles aura lieu quand?

2. Qu'est-ce-que cette nana est emmerdante!

3. Cette manif a lieu pourquoi? On le saura quand?

4. Pourquoi t'as pas invité Julia à ta boum?

Notes

les chouchous	les favoris, les protégés
le tuyau	la canalisation d'eau, de gaz; l'information confidentielle (Jeu de mots: La femme du plombier n'était pas au courant.)
les radins	les avares, les gens peu généreux
les grosses têtes	les gens considérés comme exceptionnellement intelligents
gloser	discuter longuement
Sus aux flics	A bas les agents de police!
Ça va cogner . . .	On va se battre . . .
rigoler	rire bruyamment
un culot	une audace, une impudence, une effronterie
la veine	la chance
on se marre	on s'amuse
rigolo(te)	drôle, amusant(e)
le corniaud	l'imbécile
L'étudiant dragueur tourmentait sa prof	l'étudiant essayait avec insistance de séduire sa prof
Les as du «sax» sont sensass	les champions/les rois du saxophone sont sensationnels
Faut s'faire la malle!	Il faut s'évader!
un mec	un homme, un individu, un type; (ici) mon vieux
un bagarreur	un homme qui aime se battre
un génie camouflé par un fumiste	un génie qui se dissimule derrière un plaisantin, un farceur (*camoufler* cacher, dissimuler)
avoir de la brioche	avoir du ventre, avoir un trop gros ventre (*la brioche* pâtisserie en forme de boule plutôt molle)
tendrement vache	tendrement cruel, tendrement méchant
vachement sympa	extrêmement sympathique, très agréable
les surdoués	enfants/personnes d'une intelligence supérieure à la normale.
Ça me rase	Ça m'ennuie, Ça m'embête
faire la manche	demander de l'argent aux passants, mendier
Ça va pas, la tête?	Es-tu fou?

Exercises

A. Complétez les phrases en choisissant les mots ou expressions qui conviennent dans la liste suivante.

rigolo	fumiste	mec
culot	chouchou	surdoué
radins	draguer	avoir de la brioche
faire la manche	prof(s)	rigoler
vachement sympa		

1. Il faut un _____ terrible pour essayer de _____ la _____ de maths!
2. Fred est _____ _____ mais il est trop gros. A dix-huit ans
   il _ __ __ _____!
3. Cet élève est gentil et intelligent. C'est le _____ de tous les _____!
4. Marc donne l'impression de toujours _____ et on le prend pour un
   _____. Mais ce n'est pas un plaisantin. C'est un __ _____ qui ira
   loin.
5. Quand je n'ai plus d'argent, je ____ __ _____. Mais la plupart des
   passants sont _____ et ne me donnent rien. Ce n'est pas _____
   d'avoir à mendier!

B. Répondez aux questions en commençant vos phrases par «C'est un»
ou «Ce sont des».

1. Comment appelle-t-on *des enfants d'une intelligence exceptionnelle?*
2. Comment appelle-t-on *l'élève préféré* des professeurs?
3. Comment appelle-t-on en français familier *des plaisantins?*
4. Comment appelle-t-on *un imbécile* en français familier?

Gros bras mais pas terroristes

Commandos de choc, les amis des animaux veulent frapper fort...

« Ce que les gens vont penser de moi ? Ça me fout la trouille »

TGV, boulot, dodo à bord du Paris-Lille

Week-end de manifs pour les femmes

Il ne se fie qu'à sa baraka

Les potaches de Belfort en avaient « ras l'assiette »

La bouffe est dégueulasse, ont-ils déclaré à M. Déliou, le proviseur de l'établissement.

VOIR NEW YORK AVEC DES YEUX DE FLIC

France, ta boxe fout le camp

le casseur menaçait sa femme

une fille qu'on dit «moche»

« Faut pas faire la gueule à la vie »

CANULAR OU MENACE RÉELLE ?

la débrouille
le temps du système D.

la poisse s'en mêle...

La fringue en tête
— 104 500 magasins d'habillement :

Une paire de fadas. Un tandem de lascars complètement branques

Le «ras-le-képi» des policiers

Ça plane, les filles !

Le gendarme en balade

«J'AI ENVIE DE FAIRE DES CONNERIES»

une cavale géniale

...ils se sont tous fendu la gueule

Notes

des gros bras	des hommes robustes aimant la bagarre
Ça me fout la trouille	Ça me fait peur
TGV, boulot, dodo	Trains Grande Vitesse, travail, sommeil (d'après un slogan célèbre—Métro, boulot, dodo—résumant la vie des travailleurs.
des manifs	des manifestations—généralement politiques—dans les rues
la baraka	la chance
les potaches	les écoliers, les lycéens
en avaient «ras l'assiette»	en avaient assez de la mauvaise nourriture (adaptation de la formule très souvent employée «en avoir ras le bol» = en avoir assez, être exaspéré)
la bouffe	la nourriture
dégueulasse	très mauvaise, dégoutante
le proviseur	le directeur d'un lycée
avec des yeux de flic	vu par un agent de police
ta boxe fout le camp	ta boxe est sur le déclin, baisse de qualité
le casseur	le cambrioleur (par effraction)
moche	laide
faire la gueule à la vie	aborder la vie avec un visage triste, maussade, mécontent
un canular	une (mauvaise) plaisanterie pour abuser de la crédulité de quelqu'un, une blague
la débrouille	la débrouillardise, l'art de trouver une combinaison ingénieuse
le système D	le système **D**ébrouille, art de se sortir d'une difficulté grâce à son ingéniosité
la poisse	la malchance
le «ras-le-képi» des policiers	les policiers en ont assez. (*le képi* la coiffure portée par les officiers, les policiers, etc.)
la fringue en tête	les magasins d'habillement viennent en tête par leur nombre (*les fringues* les vêtements)
fadas	un peu fous
des lascars	des individus, des types
branques	fous, désaxés, «cinglés»
planer	être dans un état d'euphorie, de bien-être (sous l'effet d'une drogue)

en balade	en promenade
des conneries	des bêtises, des sottises
une cavale	une évasion (d'un prisonnier)
se fendre la gueule	rire, bien s'amuser

Exercise

Complétez les phrases en choisissant dans la liste suivante les mots ou expressions qui conviennent.

baraka	moche	dégueulasse
ras le képi	gros bras	la poisse
système D	ça me fout la trouille	ras l'assiette
débrouille	potaches	

1. Julia est très jolie, mais, au contraire, sa sœur est _____.
2. Le soir, quand je vois deux ou trois _____ _____ s'avancer vers moi d'un air menaçant, __ __ ____ __ _____.
3. Au lycée, la bouffe est _____ et les élèves en ont ___ __ _____. Les policiers, eux, en ont ___ __ _____ à cause des manifs des _____ dans les rues.
4. Philippe a de la chance et il peut toujours se fier à sa _____. Moi, au contraire, j'ai toujours __ _____!
5. Pierre est très ingénieux. C'est le roi de la _____ ou, comme on dit, du _____.

TRAINS EN RETARD
LES USAGERS EN ONT MARRE

COMMENT REUSSIR
QUAND ON EST CON

Un attentat-bidon

Passe ton Bac d'abord

LE TUBE
COMEDIE EN 2 ACTES DE FRANCOISE DORIN

LA VIPÈRE

LES « RESQUILLEURS »

Se taper la cloche

La bouffe au coin de la rue

PAS BESOIN D'UN HELICO POUR FAIRE LA BELLE

ON EST VENU LÀ POUR S'ÉCLATER

RUGBY : « Ces Gallois nous en ont fait baver »

Le film qui fait marrer

c'est extra

Un mini-bus
3 garçons
3 filles
c'est le Pied..!

FAIS GAFFE !

le ras-le-bol des
conducteurs de bus

Notes

en avoir marre	en avoir assez, être dégoûté
un attentat-bidon	un faux atentat
con	stupide, bête
le Bac	le baccalauréat
un tube	chanson/disque à grand succès, «best-seller» de la chanson/du disque
la virée	promenade, seul ou en groupe, pour se distraire
les resquilleurs	personnes qui entrent sans payer ou sans attendre leur tour
se taper la cloche	bien manger, faire un bon repas
la bouffe au coin de la rue	un lieu pour se nourrir non loin de son domicile
un hélico	un hélicoptère
(se) faire la belle	s'évader de prison
s'éclater	chercher intensément le plaisir (souvent par le sexe, l'alcool, la drogue, etc.)
extra	formidable, excellent
en faire baver à qqn	lui donner du mal, s'opposer vigouresusement à lui (*en baver* souffrir, peiner, avoir du mal)
faire marrer	faire rire, amuser
c'est le Pied	c'est bien; c'est formidable, jouissif
Fais gaffe!	Fais attention! Méfie-toi! Prends garde!
le ras-le-bol	l'exaspération, le dégoût

Exercises

A. Complétez les phrases suivantes à l'aide d'un des mots ou d'une expression de la page 63.

1. C'était très dur. J'___ __ _____ pour gagner ce match de tennis!

2. Je viens d'échouer au Bac. J'__ __ _____ des examens! J'__ __ ____ __ ____ de faire des études!

3. Hier j'ai fait une _____ à moto avec des copains. C'était _____.

4. Fais _____! Dans ce restaurant la _____ est très mauvaise. Ce n'est pas là que tu pourras __ ____ __ _____.

5. Samedi dernier, j'ai vu un film de Charlie Chaplin qui m'a bien ____ _____.

6. Ce disque du jazz est le _____ du mois. Il a un succès fou.

7. Tout le monde croyait que ce prisonnier était complètement ____. Mais il a été assez intelligent pour _____ __ _____.

B. Cherchez six mots d'argot américain qui correspondent aux mots d'argot français de la page 63. Utilisez-les dans six phrases que vous imaginerez, puis traduisez ces phrases en français argotique.

C. Mettez les phrases suivantes au pluriel.

1. Le resquilleur est un type qui essaie toujours de ne pas payer sa place ou de ne pas attendre son tour dans les magasins.

2. Le prisonnier qui fait la belle risque sa vie et peut être abattu par un policier.

3. Je veux bien que tu deviennes acteur, mais je veux que tu passes d'abord ton Bac, que tu apprennes un autre métier et que tu sois capable de gagner ta vie. Ensuite, tu pourras aller à Hollywood pour voir si un metteur en scène a besoin d'un garçon qui te ressemble. Tu en auras vite ras le bol d'attendre!

Parapluie

Vous avez la trouille, vous, dans le métro? Moi, non, absolument pas. Et j'y suis tout le temps. Je le prends matin, midi et soir. Armée jusqu'aux dents, ça d'accord. Avec un énorme sac de gym serré contre la poitrine et un robuste parapluie accroché à l'épaule. Ça aide, c'est certain. Tenez, hier encore, il était 16 heures, 16 h 30. Je monte à Chaussée-d'Antin. Il y avait déjà beaucoup de monde. Les gens quittent leur travail de plus en plus tôt, vous avez remarqué? Je repère un strapontin occupé par un jeune type un peu déjeté, boutonneux, secoué de tics, mal à l'aise. Je le fixe d'un œil lourd de reproches et de mépris. Il se trouble. Il se soulève et, tchac, je lui pique sa place, je m'y cale et je m'y amarre avec les courroies de mon sac.

Là-dessus, voilà que déboule à Saint-Philippe-du-Roule un pack de collégiens rigolards. Ils se taquinent, ils se pincent, ils se tapent, ils se bousculent en braillant comme des ânes. Autour de moi, on ne moufte pas, on s'écrase. Moi, je veux bien, c'est de leur âge. A condition qu'ils ne me marchent pas sur les pieds. Ils le font. Je me fâche. J'empoigne mon parapluie et je crie: Ça va pas, non? C'est pas bientôt fini, oui? Je vous conseille de vous tenir tranquilles, sinon . . .

Vous auriez vu la tête des autres voyageurs! Ça valait mille. Horrifiés, ils étaient, terrifiés à l'idée que ces petits morveux de quatorze, quinze ans, puissent se vexer, se rebiffer et tout casser. Tu parles! Rien du tout. Ils se sont calmés vite fait: Faut pas énerver la dame, autrement elle mordrait. Et on a eu la paix.

Mieux: la semaine dernière, je me perds dans le dédale souterrain du Châtelet et, au détour d'un couloir, j'entends des éclats de voix et j'aperçois, solidement encadré par trois flics, un clochard complètement saoul qui proteste de son innocence entre deux hoquets. De voir ça, ça leur a fichu une pétoche noire aux passants. Il ont pris leurs jambes à leur cou. Impossible de demander mon chemin. Il a fallu que j'en harponne un avec mon parapluie: Pardon, monsieur, direction Porte d'Orléans, s'il vous plaît?

Brutalement stoppé dans son élan, il m'a regardée la bouche ouverte avec des yeux fous, fous de peur. Le soir en rentrant, il a dû dire à sa femme: Tu peux pas savoir ce qui m'est arrivé, j'ai été attaqué par une dingue dans le métro. Tu crois que les gens se seraient arrêtés pour venir à mon secours? Penses-tu! Ils ont pris la fuite.

Claude Sarraute: *Dites donc!*

© Editions Jean-Claude Lattès, 1985

Notes

avoir la trouille	avoir peur
Chaussée-d'Antin, *Saint-Philippe-du-Roule,* *Chatelet, Porte d'Orléans*	stations du métro parisien
un strapontin	un siège que l'on peut relever ou abaisser
déjeté	qui ne se tient pas droit
des tics	des contractions involontaires du visage
tchac	onomatopée indiquant un mouvement rapide
piquer	prendre
débouler	arriver brusquement et en désordre
rigolards	riant bruyamment
on ne moufte pas	on ne proteste pas
on s'écrase	on n'ose rien dire, on se tait
Ça va pas?	Vous n'êtes pas malades? Vous n'êtes pas fous?
Ça valait mille	Ça valait le coup. Ça valait la peine d'êtes vu.
ces petits morveux	ces gamins malpropres et insolents
se rebiffer	contre-attaquer
Tu parles!	Qu'est-ce que tu crois? Quelle idée!
un clochard	un individu mal habillé et sans domicile fixe
ça leur a fichu *une pétoche*	ça leur a fait peur, ça leur a fichu la trouille
une dingue	une folle

Questions

1. La presse française parle assez souvent de l'insécurité dans les transports publics. En est-il de même aux Etats-Unis? Où? A quelles heures? Qui sont les agresseurs? Comment attaquent-ils les voyageurs? Que fait la police?

2. Que pensez-vous de Claude Sarraute? Comment l'imaginez-vous? Approuvez-vous sa conduite dans le métro?

3. Que feriez-vous si vous étiez témoin (ou victime) d'une agression?

4. Claude Sarraute prend-elle un parapluie seulement pour se protéger en cas de mauvais temps?

5. Que pensez-vous de la façon d'écrire de Claude Sarraute? Etudiez son style. Quel rôle joue l'argot dans ses chroniques pour le journal *Le Monde,* réputé pour son sérieux et la qualité linguistique de ses articles?

4 Les bandes dessinées et leurs légendes

Les bandes dessinées ont le rare avantage de montrer directement les paroles qui—au sens strict—sortent de la bouche des personnages et de présenter en même temps ceux-ci «en situation». Le lecteur étranger peut donc, tout en s'initiant au langage employé, voir d'un coup d'œil où, quand, dans quelles circonstances et par qui les propos sont échangés.

Dans le cadre forcément limité de ce volume, nous avons dû nous en tenir à quelques auteurs particulièrement connus et représentatifs de différents genres. Une place importante a évidemment été réservée à Claire Bretécher, dont les dessins dans *Le Nouvel Observateur* et dans de nombreux albums (notamment *Les Frustrés*) connaissent un énorme succès, tant en raison de leur originalité graphique qu'en raison de l'humour percutant des dialogues—ou parfois des monologues. Écrits en un style où les termes argotiques ont une large place, ils parodient de façon savoureuse et féroce les comportements et les affectations du langage dans divers milieux sociaux. Considérés au début comme choquants par certains à cause de la crudité du vocabulaire, ils ont bientôt déclenché une réaction en sens inverse et «parler Bretécher» est devenu une véritable mode.

Très connu aussi, Jacques Faizant est le caricaturiste attitré du quotidien *Le Figaro* et publie en outre, depuis des années, des bandes dessinées sur des thèmes politiques ou sociaux dans l'hebdomadaire *Le Point*. Sans être chez lui systématique, l'emploi de l'argot—on pourra le constater—est fréquent dans ses dialogues, et il contribue pour beaucoup aux effets comiques ou satiriques.

Quant à Margerin, il fait partie des nombreux «BDessineurs» qui s'adressent plus spécialement aux jeunes. Et si nous avons choisi l'histoire intitulée «Le Grand Appart'», c'est en particulier parce qu'elle reflète avec une fidélité extrême la façon de parler des garçons et des filles ayant l'âge des personnages représentés. Leurs propos auraient pu être enregistrés sur le vif au magnétophone. Ils mériteront donc d'être étudiés attentivement.

On le voit, les bandes dessinées, dans leur diversité, sont pleines d'enseignements sur le plan linguistique—du moins pour les étrangers . . .

CLAIR FOYER

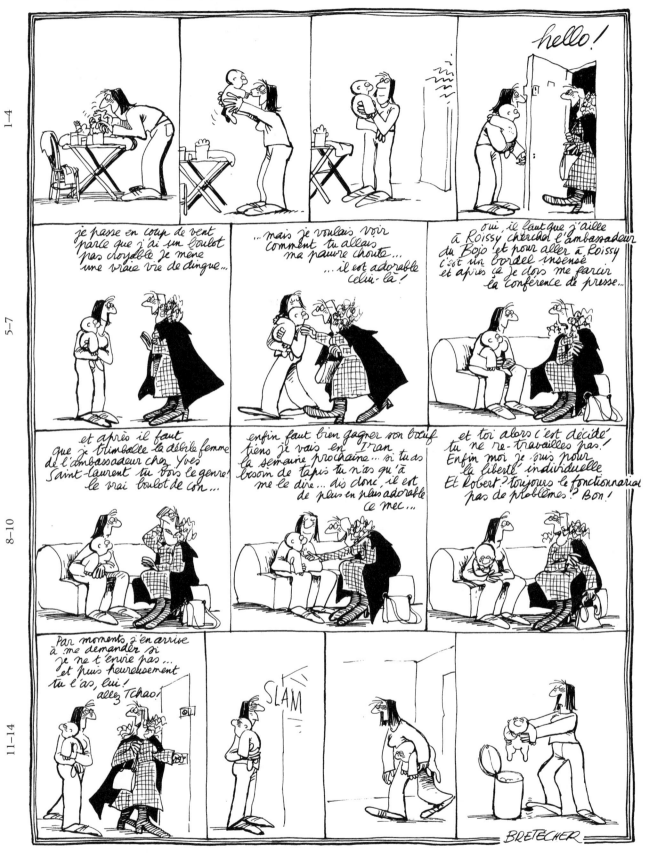

Notes

Clair Foyer	nom d'un journal hebdomadaire féminin, qui exalte les joies de la famille et du travail à la maison
passer en coup de vent	faire une visite très rapide (*to pay a flying visit*)
un boulot pas croyable	un travail incroyable, énorme
une vie de dingue	une vie de fou
choute	terme d'affection—chérie
Roissy	l'aéroport de Roissy-Charles de Gaulle, à 25 km au nord de Paris
Bojo	pays imaginaire
un bordel insensé	une pagaille folle, des embouteillages extravagants
se farcir	endurer, supporter
il faut que je trimballe	il faut que je traîne partout avec moi
la femme débile	le femme idiote, stupide
Yves Saint-Laurent	grand couturier parisien
un boulot de con	un travail imbécile
gagner son bœuf	gagner sa vie
le fonctionnariat	état, qualité d'un fonctionnaire (*civil servant*)
Tchao!	Au revoir! Salut!
la poubelle	récipient destiné aux ordures ménagères (*trash can*)

Questions

1. Pourquoi Claire Bretécher a-t-elle choisi le titre «Clair Foyer»? Faut-il le prendre au sérieux?

2. Cherchez d'autres titres qui résumeraient bien l'histoire.

3. **a.** Qu'est-ce qui caractérise le style de la grand-mère? Pourquoi est-il drôle?

   b. Relevez quelques-unes des expressions argotiques qu'elle emploie et donnez leurs équivalents en français standard.

   c. Résumez tout ce que la grand-mère va avoir à faire dans la journée.

4. **a.** Comparez les trois premiers dessins avec les trois derniers.

   b. Qu'est-ce qui a provoqué le changement dans l'attitude de la jeune mère?

   c. Sur quel dessin le visage de la jeune mère change-t-il soudain d'expression? Pourquoi?

5. Croyez-vous que la mère mettra vraiment son bébé dans la poubelle, ou est-ce seulement un geste symbolique? Qu'est-ce que ce geste signifie?

6. Quelle est la morale de cette histoire? Quelles conclusions en tirez-vous?

7. Que pensez-vous de l'humour de Claire Bretécher dans cette bande dessinée?

8. Croyez-vous personnellement que travailler hors du foyer donne vraiment une plus grande liberté aux femmes? Enumérez les avantages et les inconvénients.

Notes

fantasia	(1) fête équestre dans les pays arabes, avec une foule de cavaliers; (2) (*ici, par dérision*) réception mondaine avec une foule d'invités
Qu'est-ce qu'on fout là?	Qu'est-ce qu'on fait là? Pourquoi sommes-nous venus?
des cons	des imbéciles
des cadres	des personnes exerçant des fonctions de direction ou de contrôle dans une entreprise ou une administration
les mecs	ces gens-là, ces types-là
C'est pas vrai?	C'est incroyable!
les mêmes gueules	les mêmes têtes, les mêmes personnes
marrants	drôles, amusants
je flippe à mort	je m'ennuie à mourir
on s'est marré	on s'est amusé
en dégueulasse	avec des vêtements négligés (*littéralement:* sales)
cette loutte	cette femme
on se tire?	on s'en va?

Questions

1. Décrivez les attitdues des trois invités qui sont au premier plan.
2. Quels sentiments semblent-ils éprouver?
3. Dites, en employant quelques termes argotiques, ce qu'ils pensent des autres invités.
4. Transposez en français standard.
    a. Qu'est-ce qu'on fout ici?
    b. On voit toujours les mêmes gueules.
    c. Je connais toutes ces loutes.
    d. On ne se sera pas beaucoup marré ce soir.
    e. Ça aurait été plus marrant chez Edouard.
    f. Tu crois que j'ai bien fait de venir en dégueulasse?
    g. Mais oui, t'es vachement chouette!
    h. Moi, je vais me tirer dans cinq minutes.
5. Que fait-on généralement pour s'amuser à une soirée/à un cocktail?
6. Claire Bretécher a exprimé l'ennui des trois personnages par leur immobilité. Décrivez toutefois quelques petits changements d'attitudes dans les dessins N°s 4, 6, et 8.

7. Comment la foule des invités est-elle représentée à l'arrière-plan? Décrivez les nouveaux personnages qui apparaissent dans les dessins N°s 4 et 6.

8. Quelles peuvent être, selon vous, les professions des trois personnages au premier plan?

9. Le journaliste Jean Daniel a écrit: «Claire Bretécher a quelque chose d'irremplaçable: la dérision». Qu'est-ce qui est tourné en dérision dans cette bande dessinée?

Nevermore

et voilà le nouveau livre de Raymonde Amineau aux Éditions des Femmes...

AH NON ÇA SUFFIT BON DIEU !

ON NE VOIT PLUS QUE DES FEMMES ON N'ENTEND PLUS PARLER QUE DE FEMMES Y A PLUS QUE LES FEMMES QUI EXISTENT C'EST PAS VRAI !

LES FEMMES LES FEMMES LES FAAAMES ON LE SAURA !

MOI J'AI JAMAIS ÉTÉ CONTRE... RECONNAIS QUE TU FAIS CE QUE TU VEUX! C'EST PAS MOI QUI T'EMMERDE! T'ES PAS TELLEMENT OPPRIMÉE NON ?

ALORS BOUCLEZ-LA DE TEMPS EN TEMPS OUI ? ON VA QUAND MÊME PAS SE LAISSER TRAÎNER DANS LA BOUE JUSQU'À PLUS SOIF !

En Afrique ils sont pas cons... ça fait longtemps qu'ils ont trouvé la solution: LE HAREM !

C'est pour ça que j'étais fait tiens! toi aussi d'ailleurs tu adorerais ça... si si! pas la peine de prendre tes grands airs ...

et ça te rendrait plus aimable parce que tu aurais de l'émulation ... vous voudriez toutes être ma favorite ...

moi j'arrive je claque des doigts et vous voilà toutes les sept languissantes à mes pieds Parfaitement !

POUÈÈÈT

...dans lequel Raymonde Amineau raconte la prise de conscience et le combat des femmes Touboulès de la tribu des M'Ba

BRETÉCHER

Notes

Nevermore!	Jamais plus! Mot qui revient sans cesse en leitmotiv à la fin des strophes dans «The Raven», célèbre poème d'Edgar Allen Poe, écrivain Américain (1809–1849)
C'est pas vrai!	C'est incroyable! C'est impensable!
emmerder	ennuyer, embêter (*voir* pages 41–42, Les ex-mots tabous, la famille Cambronne)
bouclez-la	fermez-la (votre bouche), taisez-vous
traîner dans la boue	insulter, accabler quelqu'un de propos infamants.
jusqu'à plus soif	à satiété, jusqu'à ce qu'on ne puisse plus en absorber davantage
ils sont pas cons	ils ne sont pas bêtes/stupides (*voir* page 43, La famille Ducon)
prendre de grands airs	prendre une expression hautaine/dédaigneuse
Pouèèèt!	interjection exprimant la moquerie/la dérision

Questions

1. Où sont le mari et la femme dans le dessin Nº 1? Que font-ils?
2. De quoi parle-t-on à la télévision dans le dessin Nº 1?
3. Comparez les attitudes et les expressions du visage de l'homme dans le dessin 1 avec celles des dessins Nºˢ 2 et 3.
4. Pourquoi l'homme est-il en colère?
5. Que pensez-vous du vocabulaire et de la syntaxe de l'homme en colère? Donnez des exemples. Qu'aurait-il dû dire, en français correct?
6. Comment l'homme imagine-t-il la femme idéale?
7. Que fait la femme dans le dessin Nº 11?
8. Comparez le dessin Nº 2 avec le dessin Nº 12.
9. Qui, selon vous, «porte la culotte» dans ce ménage? A quoi le voyez-vous?
10. Trouvez-vous que les femmes tiennent de plus en plus de place dans la société contemporaine? Donnez des exemples. Pensez-vous que c'est un bien ou un mal? Pourquoi?

LES MAÎTRES DU MONDE

Notes

chais pas	je ne sais pas
chuis	je suis
plus envie de	je n'ai plus envie de
les toubibs	les médecins
Tu parles!	(ici, dubitatif et méprisant) Quelle idiotie! Quelle connerie!
se casser la nénette	se casser la tête (pour trouver la solution), se creuser le ciboulot
Ivan Illich	essayiste et polémiste autrichien, né en 1926. Ici, allusion à son livre *Némésis médicale* (1975) où il critique la médecine contemporaine—abus des médicaments, ignorance des effets dangereux de leur mélange, surconsommation des analgésiques et des tranquillisants, puis des stimulants, de la drogue, etc.
des conneries	choses fausses, sottises
bosser	travailler
le boulot	travail
le Vabrium, le Tranquilliane	noms imaginaires de médicaments ressemblant à des remèdes connus
file-moi	passe-moi, donne-moi

Questions

1. De quoi les deux hommes parlent-ils?

2. De quoi prétendent-ils souffrir? Quels symptômes éprouvent-ils?

3. Reportez-vous aux pages 16–18 (*Le visage, le corps*) et 28–29 (*La santé*), puis remplacez par des mots argotiques les mots en italique dans les phrases suivantes.

    a. Je suis *souffrant.*

    b. Je suis *fatigué.*

    c. J'ai mal au *ventre.*

    d. J'ai mal à la *tête.*

    e. J'ai *les yeux* qui pleurent.

    f. J'ai les *oreilles* qui bourdonnent.

    g. J'ai *le nez* qui coule.

    h. J'ai mal aux *dents.*

    i. J'ai envie de *vomir.*

    j. Je voudrais *me coucher,* me tenir *tranquille* et *dormir* pendant 24 *heures.*

k. J'ai trop de *travail* comme Président de l'Organisation Mondiale de la Santé.

l. J'ai beaucoup *vieilli* depuis que j'occupe ce poste. J'ai l'air d'avoir 90 *ans.*

4. Quelles professions pensez-vous qu'exercent les deux hommes?

5. Que devraient-ils faire pour remédier aux maux de leur vie sédentaire?

6. Commentez le contraste humoristique entre le dessin N° 7 et le dessin N° 8.

7. Un ouvrage récent de P. Accoce a pour titre: «Ces malades qui nous gouvernent». Donnez des exemples empruntés à l'histoire politique contemporaine.

8. Pourquoi ces Maîtres du Monde ont-ils souvent du mal à rester en bonne santé?

DIVORCE

Notes

j'en ai marre	j'en ai assez, j'en ai par-dessus la tête
faire la bonne	servir de domestique, faire les travaux ménagers
chuis encore pas mal	je suis encore assez jolie
t'en fais pas!	*(ironiquement)* ne t'inquiète pas! (*s'en faire*: se faire du souci, se faire de la bile)
j'en ai ma claque!	j'en ai assez! je suis fatiguée! (*être claquée* = être fatigué)
fous jamais rien	tu ne fais jamais rien
vautré	à moitié couché
ça va être la corrida	ça va être l'affrontement sanglant, le duel à mort (*la corrida* la course de taureaux)
je lui dis	*(présent à sens futur)* je lui dirai
j'ai la flemme	je me sens paresseuse, je suis fatiguée

Questions

1. Décrivez les différents endroits où se trouve la femme dans les dessins N°s 1, 2, 3 et 4. Que fait-elle?

2. Chez qui sonne-t-elle dans le dessin N° 4?

3. Que porte-t-elle dans le dessin N° 6?

4. Résumez au style indirect le monologue intérieur de la femme, en réemployant le vocabulaire argotique. Exemple: *Elle pense qu'elle en a marre.* Commencez vos phrases par: Elle pense que . . . , Elle se dit que . . . , Elle estime que . . . , Elle regrette que . . . , Elle espère que . . .

5. À quel moment la femme commence-t-elle à changer d'avis?

6. Le mari est-il en train de faire la cuisine pour aider sa femme dans le dessin N° 10?

7. La femme se met-elle en colère et fait-elle des reproches à son mari dans le dessin N° 10? A-t-elle changé d'avis seulement parce qu'elle est fatiguée?

8. Qu'est-ce que la femme aurait été en train de faire si Claire Bretécher avait continué l'histoire dans trois autres dessins?

9. Pourquoi les gens divorcent-ils? (Répondez en utilisant des mots argotiques.) Pourquoi changent-ils souvent d'avis au dernier moment?

10. Modifiez le titre de cette B.D. pour qu'il corresponde vraiment à l'histoire.

LES CHAMPIONS

Notes

j'en ai marre	j'en ai assez, je suis fatigué
le salaud	sale type (terme injurieux, marquant l'hostilité)
je m'en fous	ça m'est égal
pasque, chuis, et pis	prononciation incorrecte de «parce que», «je suis», «et puis»
t'as du pot	tu as de la chance
le C.E.S.	collège d'enseignement secondaire
une classe de cons	une classe d'élèves peu intelligents
Saint François de Sales	école privée religieuse à Paris
bosser	travailler
goûter	faire un repas léger dans l'après-midi, après l'école
des crêpes	fines galettes faites d'une pâte liquide saisie à la poële ou sur une plaque (*pancakes*)

Questions

1. De quoi parlent les deux enfants dans les dessins N°s 1 et 2?

2. Que peut-on faire hors de l'école pour avoir de meilleurs résultats?

3. Pourquoi admire-t-on la compétition dans les stades et la critique-t-on souvent dans les écoles?

4. Pourquoi admet-on sans discussion l'inégalité physique dans les sports—et pourquoi l'admet-on difficilement quand il s'agit des dons intellectuels?

5. Que pensez-vous de cette remarque de l'écrivain anglais George Orwell: «Les individus sont égaux entre eux, mais il y en a qui sont plus égaux que les autres»?

6. Pensez-vous qu'un entraînement «dur» et strictement contrôlé est nécessaire, dans les sports, pour faire un champion?

7. Estimez-vous qu'un enseignement sans contraintes, sans examens ou concours, donnerait de meilleurs résultats? Pourquoi? Ou pourquoi pas?

8. Croyez-vous que la mère de famille dans la B.D. est partisane de la compétition? Regardez le dessin N° 12.

9. Les enfants détestent-ils la compétition quand il s'agit de manger des crêpes?

10. Employez des mots argotiques à la place des mots en italique.

    —As-tu bien *travaillé* à l'école, Ernest?

    —Non, je n'ai pas eu de *chance*. Je suis dernier. Mais, ça m'*est égal*, car le premier, Dugommeau, est un *sale type* et un *vieil imbécile*. *Ça m'est égal* d'avoir eu un zéro.

    —Et pour les crêpes, est-ce que *ça te serait égal* d'en avoir zéro, au lieu de 5 ou 6?

CURIEUX HOLD UP

Notes

tu me files ton fric	donne-moi ton argent
je te bute	je te tue
un presse-purée	un ustensile pour écraser les légumes; *tu raisonnes comme un presse-purée* comparaison insolite—on dit généralement: raisonner comme un tambour/comme un pied, c'est-à-dire, très mal
un feu	une arme à feu, un revolver
en pogne	à la main, au poing
patate!	pomme de terre; (fam.) personne niaise et stupide
coco	mon ami
les assises	tribunal qui juge les crimes
tu rigoles	tu plaisantes
la colle	punition consistant à retenir un élève à l'école après la fin des cours
blanc	innocenté, acquitté
la correctionnelle	tribunal qui juge les délits

Questions

1. Décrivez les deux personnes du dessin N° 1.

2. Résumez l'argumentation paradoxale de «l'agresseur non-violent» dans les dessins N°s 2, 3 et 4.

3. Quels arguments l'agressé essaie-t-il de faire valoir?

4. Le passant parvient-il à convaincre son agresseur?

5. Montrez le comique de la prétendue logique de l'agresseur.

6. On reproche souvent aux tribunaux de s'intéresser plus aux criminels qu'aux victimes. Qu'en pensez-vous?

7. Si vous aviez été juré dans un tribunal, auriez-vous acquitté ou condamné l'agresseur? Justifiez votre décision.

8. Trouvez-vous qu'en général les verdicts des tribunaux sont trop sévères ou trop indulgents?

9. Reportez-vous aux pages 38–39 *(La violence, la délinquance)* et remplacez les mots en italique par des mots argotiques.

   Le *voyou* avait un *revolver à la main.*

   Il a agressé un passant et l'a menacé de le *tuer* ou de le *frapper* s'il ne lui *donnait* pas son *argent.*

   Mais deux *agents de police* l'ont *arrêté* et l'ont *emmené* dans la voiture cellulaire pour le conduire à *la prison du poste de police.*

L'ART DU DRAGAGE

Notes

le dragage (ou *la drague*)	action de draguer; recherche d'une partenaire dans les rues, les cafés, etc., en vue d'une aventure sans lendemain
j'en ai pas l'air	ça ne se voit pas, on ne le remarque pas
s'envoyer en l'air	faire l'amour
aborder quelqu'un	arrêter quelqu'un (dans la rue, etc.) pour lui parler
tout dans l'allure	toute ma force de séduction est dans ma façon de marcher
impavide	sans aucune crainte
faire du baratin	faire de beaux discours pour séduire
C'est dans la poche!	C'est gagné! C'est une affaire faite!
La classe, y a que ça!	La distinction, il n'y a que cela qui compte!
encore que	bien que
Si je ne devrais pas!	Si je ne devrais pas en faire—du baratin!

Questions

1. Où et en quelle saison la scène se passe-t-elle?

2. Le dragueur se considère comme un type splendide (dessin N° 6). Qu'en pensez-vous? Trouvez un ou deux adjectifs pour le qualifier (a) en français standard, (b) en français argotique.

3. Donnez, de façon plus précise, votre opinion sur son visage, puis sur son corps, en employant quelques mots argotiques (voir pages 16–18).

4. Comparez les différentes nénettes que le dragueur croise. Qu'est-ce qui les différencie? Laquelle vous semble la plus sexy? Pourquoi?

5. Comment le dessinateur montre-t-il que les nénettes ne s'intéressent pas du tout au dragueur?

6. Imaginez des phrases de dragage «démodé», «vulgaire» ou «sournois» ressemblant à celles données comme exemples dans les dessins N°s 2, 3 et 4.

7. Quelle forme de dragage est, selon vous, la plus efficace? Pourquoi?

8. Comment découvre-t-on que le dragage a duré longtemps, mais a été un fiasco?

9. Considérez-vous que le dragage est une habitude normale, faisant partie des mœurs de la jeunesse contemporaine, ou pensez-vous que c'est une pratique vulgaire, choquante et macho?

10. Transposez en français standard: Ce mec est vachement moche, avec son grand blair, ses longs tifs, sa tronche mal rasée et ses guibolles de môme de 12 piges.

MÊME COMBAT

Panels 1-3:

DIS DONC! T'ES UN TERRORISTE DE GAUCHE, TOI!

OUAIS! POURQUOI?

JE T'AI REPÉRÉ TOUT DE SUITE. MOI, JE SUIS UN TERRORISTE DE DROITE

AH BON! SALUT!

SALUT!

Y EN A DES, QUI RÉFLÉCHISSENT PAS, QUI SERAIENT ÉPATÉS DE NOUS VOIR COPAINS!

OUAIS!

MAIS NOTRE COMBAT EST LE MÊME

JE VEUX!

Panels 4-6:

MORT À LA SOCIÉTÉ, AUX GOUVERNEMENTS, AUX PARTIS, À L'ORDRE ÉTABLI ET AU FRIC!

AU FRIC POURRI, SEULEMENT, EH! DU FRIC PAS POURRI IL NOUS EN FAUT UN PEU POUR NOS MOUVEMENTS.

C'EST VRAI! AVEC DU FRIC ON PEUT TRANSFORMER LE MOUVEMENT EN PARTI, ON SE CONSTITUE EN GOUVERNEMENT, ON CHANGE LA SOCIÉTÉ ET ON ÉTABLIT NOTRE ORDRE

ET ON SE FOUT SUR LA GUEULE!

ON SE... AH! OUI! C'EST VRAI! ON N'EST PAS DU MÊME BORD! J'OUBLIAIS!

À MOINS QU'ON SE PARTAGE LE TRUC! L'UN LE POUVOIR, L'AUTRE L'OPPOSITION. AVEC DES ÉLECTIONS DE TEMPS EN TEMPS POUR FAIRE JOLI!

OUAIS! COMME ÇA, ÇA POURRAIT MARCHER

Panels 7-8:

OUI! ET BIEN MARCHER, MÊME! SAUF, ÉVIDEMMENT, SI DES PETITS CONS DE MARGINAUX COMMENCENT...

..À VENIR NOUS FOUTRE LE BORDEL!

Notes

Ouais!	prononciation vulgaire de «Oui»—très en faveur chez les jeunes
y en a des qui	il y en a qui, il y a des gens qui
épatés	très étonnés
Je veux!	D'accord! C'est bien vrai!
le fric pourri	argent malhonnêtement acquis
se foutre sur la gueule	se taper sur la figure, se battre
du même bord	du même côté, du même parti
le truc	la chose en question (mot vague)
par faire joli	pour rendre la chose plus agréable à voir
des cons	des imbéciles, des idiots
des marginaux	des gens qui vivent en marge, hors du cadre de la société
foutre le bordel	mettre le desordre, créer la pagaille

Questions

1. Décrivez physiquement les deux terroristes (dessins N°s 1 et 2). En quoi différent-ils et en quoi se ressemblent-ils?

2. Où les deux hommes vont-ils pour discuter? Que font-ils en discutant (dessin N° 5)?

3. Par quels gestes se montrent-ils leur sympathie (dessins N°s 2 et 6)?

4. Quel ordre social chacun des deux terroristes veut-il créer—ou détruire?

5. Pourquoi le terroriste de droite veut-il qu'on fasse des élections?

6. Imaginez deux ou trois autres titres pour cette B.D.

7. Transposez ce dialogue en français argotique.

   —Nous, on n'est pas des *imbéciles.* On ne *mettra pas le désordre.*

   —D'accord! On ne se *battra pas.*

   —On ne prendra pas *le sale argent* des riches.

   —On ne *tuera* personne.

   —Et nous resterons de bons *camarades.*

   —*Oui!* Allons *au café* boire un *verre!*

8. Nommez deux ou trois pays où le «bipartisme» existe encore.

9. Qu'est-ce qu'un parti «centriste»?

10. Commentez ces deux jugements.

    a. «Etre de droite, être de gauche—c'est être hémiplégique».* (*Raymond Aron,* 1905–1983)

    b. «Il faut souvent changer de parti si l'on veut garder les mêmes opinions». (*André Siegfried,* 1875–1959)

*hémiplégique: personne dont la moitié du corps est paralysée—soit à droit, soit à gauche.

16–18

19–21

22–23

Notes

putain	prostituée; exclamation marquant la surprise, l'admiration *«Mince alors!»*
avoir du bol	avoir de la chance
ta piaule	ta chambre
décompresser	se détendre, se relaxer
être gonflé	avoir de l'audace/de l'aplomb/du culot
salaud	sale type (terme injurieux)
Ils sont tarés, ces mômes!	Ils sont idiots, ces enfants!
c'est les grandes poubelles	c'est le jour où l'on peut jeter les objets encombrants
ce pucier	ce vieux lit (**la puce** flea)
on s'est fait virer	on s'est fait mettre dehors
la déco	la décoration
ça craint	c'est laid, c'est moche
j'me tire	je m'en vais, je pars
peinard	tranquille
le matos	le matériel des musiciens—la sonorisation, les projecteurs, etc.

Questions

1. Pourquoi Lucien est-il tout heureux dans les dessins N°s 1 et 2? Décrivez l'appartement (N° 1).

2. Quelles personnes envahissent successivement l'appartement de Lucien?

3. Comment se comportent «les petits anges» (dessins N°s 5, 6, 11 et 12)?

4. Que veut faire Josette dans la salle de bains (dessins N°s 8 et 9)?

5. Qu'apportent dans l'appartement les copains de Lucien (dessins N°s 15 et 16)?

6. Quelle solution Lucien trouve-t-il pour essayer d'être enfin tranquille (dessin N°s 29, 30, et 31)?

7. Croyez-vous que Lucien va accepter les projets de ses copains (dessin N° 31)? Que va-t-il faire, selon vous?

8. Employez, dans des phrases vous concernant, les expressions ou mots suivants.
   a. avoir du bol
   b. décompresser
   c. être peinard
   d. piaule
   e. virer quelqu'un

9. Préférez-vous une vie indépendante ou une vie en groupe avec des camarades? (logement, repas, travail, sorties, voyages)

10. Commentez les trois jugements suivants.

   a. «La solitude effraie une âme de vingt ans». (Molière, *Le Misanthrope,* 1666)

   b. «Celui qui connaît l'art de vivre avec soi-même ignore l'ennui». (Erasme, *Colloques,* 1526)

   c. «Enfin seul!—*sans S* . . . » (Jules Renard, *Journal,* 1898)

Textes d'auteurs

La lecture, grandement facilitée, des textes figurant dans ce chapitre devrait être le point d'aboutissement—et comme la récompense—de l'étude méthodique menée jusqu'à présent. Chacun pourra puiser dans cette section selon ses goûts, ses capacités, ses loisirs, et selon le degré de perfectionnement qu'il souhaitera atteindre dans la connaissance de la langue française d'aujourd'hui.

On trouvera successivement, dans notre sélection, un long extrait d'un script de film, des scènes de pièces de théâtre, plusieurs sketches, des pages de romans et aussi quelques chansons. On a veillé à ce que les textes possèdent une unité satisfaisante et constituent un épisode autonome qui ne laisse pas le lecteur en suspens.

Tous les textes sont empruntés à des auteurs contemporains qui ne sont nullement des «argotiers» professionnels, c'est-à-dire des écrivains qui utilisent l'argot de façon systématique, comme c'est le cas dans beaucoup de «polars»—(romans policiers). Ici, les auteurs cités utilisent un français tout à fait «normal» et ils ne font appel au langage familier ou argotique que lorsqu'il semble naturel, presque inévitable, dans la bouche de leurs personnages.

On notera à ce propos qu'un très grand nombre des structures, locutions et mots présentés auparavant—en particulier dans les chapitres 1 et 2— réapparaissent fréquemment dans ces pages et justifient donc pleinement l'étude thématique qui a été proposée. Mais, en cas de doute ou d'incompréhension, on pourra en outre se reporter au lexique des pages 175–191 qui contient tous les termes argotiques figurant dans ce volume, avec leurs équivalents en français standard.

En abordant, pour terminer, ces textes d'auteurs, les lecteurs étrangers auront l'occasion de mieux analyser l'emploi de la langue familière et argotique et d'évaluer à la fois ses excès et ses trouvailles. Grâce à des exemples précis, dans des contextes variés, ils découvriront dans quelles circonstances et par qui elle est, avec juste raison ou à tort, utilisée—et ils pourront en tirer d'utiles conclusions d'ordre personnel.

Loin de les encourager à tenter eux-mêmes des expériences hasardeuses, cet ouvrage aura atteint son but s'il leur permet, lors de séjours en France ou de rencontres avec des Français, de comprendre mille choses qui leur auraient échappé sans cette initiation—et d'éviter ainsi bon nombre d'impairs et de traquenards.

Cinéma

Les dialogues de films—beaucoup plus discontinus, évidemment, que ceux des pièces de théâtre—sont assez souvent difficiles à lire sans l'accompagnement de l'image. C'est pourquoi, à titre d'exemple, nous avons préféré donner une partie importante du script d'un seul film, plutôt que de brefs extraits d'œuvres diverses, qui, isolés du contexte, auraient risqué d'être difficiles à situer.

La Boum

Scénario et dialogues de Danièle THOMPSON et Claude PINOTEAU

Personnages

FRANÇOIS BERRETON, dentiste,	40 ans
FRANÇOISE BERRETON, sa femme, dessinatrice,	35 ans
VIC, leur fille,	13 ans
PÉNÉLOPE, amie de VIC,	14 ans
BRASSAC, professeur d'anglais,	40 ans
STÉPHANE, RAOUL, JEAN-PIERRE, ARNAUD, MATHIEU, GÉRALDINE, CAROLINE, camarades de classe de VIC,	entre 13 et 15 ans

Les séquences présentées dans les pages suivantes sont notamment celles qui ont trait à l'épisode qui a fourni le thème central et le titre du film.

Le 15 septembre. Le lycée Henri IV, rue Clotilde, à Paris. C'est le jour de la rentrée. (Les cours sont noires de monde. L'ensemble des élèves amorce un mouvement de rassemblement par classes. La sonnerie se déclenche. Les Quatrièmes se groupent pour entrer en classe. Vic s'approche de Pénélope.)

VIC: Est-ce que vous savez s'y a cantine aujourd'hui pour les Quatrièmes?

PÉNÉLOPE: T'inquiète pas. On va demander . . . T'es nouvelle?

VIC: Ouais . . .

PÉNÉLOPE: Moi aussi. Où t'étais avant?

VIC: A Versailles. Et toi?

PÉNÉLOPE: A Jules Ferry. Je m'appelle Pénélope.

VIC: Moi, Victoire . . . Mais tout le monde m'appelle Vic.

(. . .)

Classe de Brassac, le professeur d'anglais.
(Vic et Pénélope sont assises l'une à côté de l'autre, au troisième rang.)

STÉPHANE *(derrière Pénélope et Vic):*   Je l'ai eu l'année dernière, c'est une peau de vache . . .

BRASSAC *(à un élève du premier rang):*   Distribuez ces formulaires à la classe, s'il vous plaît . . .

PÉNÉLOPE: Tu fais quoi en deuxième langue?

VIC: Allemand, et toi?

PÉNÉLOPE: Russe.

BRASSAC: Nom, prénom, profession des parents, adresse, téléphone . . .

ARNAUD *(au fond de la classe):*   M'sieur, mes parents sont divorcés, quelle adresse je mets?

BRASSAC: Mettez les deux adresses . . . Ecrivez aussi si vous êtes allé en Angleterre, combien de fois, si certains parmi vous sont bilingues, vos loisirs . . . distractions . . .

PÉNÉLOPE: T'es fille unique, toi?

VIC *(sans enthousiasme):*   Ouais . . .

PÉNÉLOPE: T'as de la chance! Moi, ma frangine, c'est une vraie chieuse!

BRASSAC: . . . un cahier de deux cents pages, petits carreaux et spirale. J'arrache les pages quand les cahiers sont mal tenus.

PÉNÉLOPE: T'es déjà sortie avec un mec?

(Vic, après une hésitation, fait signe que non.)

PÉNÉLOPE: Moi si, avec un garçon en Angleterre. Il s'appelle Warren . . . Et l'anglais, c'est pas ici que je l'apprends. Je vais voir dix films américains par semaine.

VIC *(haussant un peu le ton, amusée):*   Dix! Comment tu fais? Tu sèches?
(Brassac jette un coup d'œil incendiaire aux deux filles.)

PÉNÉLOPE *(tout bas):*   Tais-toi, on va se faire engueuler!

(. . .)

Sortie du lycée Henri IV, rue Clotilde. On est en janvier. Les étudiants portent des vêtements d'hiver.
(Vic et Pénélope se séparent d'un groupe de filles. De l'autre côté de la rue, deux garçons, Raoul et Jean-Pierre, bavardent avec une demi-douzaine de copains, à cheval sur leur mob. Nombreux cyclomoteurs.)

VIC: Marche pas trop vite: ils sont là . . .

PÉNÉLOPE: J'ai l'impression qu'il m'a regardée. T'as vu? Il m'a regardée, juste le jour où j'ai mon «survêt»!

VIC: J'en meurs! J'en meurs! . . . Je donnerais n'importe quoi pour être invitée à cette boum! N'importe quoi!

(On voit les deux garçons en arrière-plan s'approcher sur leur mob.)

PÉNÉLOPE: S'ils voulaient nous inviter, y nous auraient déjà invitées . . .
Géraldine et Caroline, ils leur ont dit avant Noël, alors tu penses!

VIC *(les dents serrées):*   Ils sont derrière nous!

(Les deux garçons les encadrent.)

RAOUL: Ça va?

VIC *(tout à coup très décontractée):*   Ouais . . . *(Un silence.)*

JEAN-PIERRE *(à Pénélope):*   Il est chouette, ton survêtement.

PÉNÉLOPE: Il me fait des grosses cuisses . . . *(Gêne. Re-silence).*

RAOUL: Vous faites quelque chose samedi soir?

VIC *(super cool):*   Pourquoi?

RAOUL: Je fais une boum . . . Vous pouvez venir?

PÉNÉLOPE *(faisant un immense effort pour garder son calme):*   C'est à quelle
heure?

JEAN-PIERRE: De huit heures à . . . *(geste large)*

VIC *(regard interrogateur vers Pénélope):*   Ouais . . . Peut-être . . . Faut
vous donner la réponse quand?

RAOUL: Ben, ce soir . . . On a trop de mecs . . . Alors si vous venez pas,
on . . .

VIC *(à Pénélope):*   Tu veux y aller, toi?

(Raoul gribouille son numéro de téléphone sur un bout de papier.)

PÉNÉLOPE: Peut-être . . . On verra . . .

RAOUL *(il lui donne le papier):*   Appelle-moi ce soir . . . Sans faute,
hein? . . . Parce qu'après ce sera . . .

VIC: OK . . . Salut! . . .

*(Les deux garçons font demi-tour sur leur mob. La démarche faussement nonchalante, les
filles tournent le coin de la rue Clovis, vérifient qu'elles sont bien hors de vue des
garçons . . . et sautent comme des folles en hurlant de joie.)*

VIC: Ça y est, ça y est! Ça va être génial! . . .

PÉNÉLOPE: Qu'est-ce qu'ils sont beaux! T'as vu Raoul, son blouson? . . .

VIC: Et Jean-Pierre . . . ses yeux bleus . . . J'en étais sûre! . . . Super-
sympas . . .

PÉNÉLOPE: Vachement mignons . . .

(Tout à coup, Vic se fige, paniquée.)

PÉNÉLOPE: Qu'est-ce que t'as?

VIC: J'ai rien à me mettre!

(. . .)

Dans une cabine téléphonique du quartier latin.
(Vic téléphone. Pénélope l'attend sur le trottoir.)

VIC: Ecoute, m'man, c'est vachement urgent! Faut que j'aie une
   réponse tout de suite . . . *(Elle se ronge les ongles, lance à Pénélope un
   coup d'œil paniqué.)* Est-ce que je peux aller à une boum samedi soir?

FRANÇOISE *(exaspérée, en pleine réunion de travail):*   Nous en parlerons tout
   à l'heure, tu veux?

VIC: J't'en supplie! Faut que je sache maintenant!

FRANÇOISE: Eh bien alors, c'est non! *(Elle raccroche.)*

*(Dans la cabine, Vic se tourne vers Pénélope consternée. Elle articule: «Merde!», furieuse,
mais sans que le son sorte de sa bouche.)*

(. . .)

L'appartement des Berreton. Le soir.
(François vient de rentrer. Françoise dessine.)

VIC: Vous avez réfléchi? . . .

FRANÇOISE: Pour la surboum de samedi?

FRANÇOIS: Quelle surboum?

VIC *(dédaigneuse):*   Boum, pas surboum!

FRANÇOISE: C'est chez qui?

VIC: Un mec. Tu connais pas.

FRANÇOIS: Comment y s'appelle?

VIC: Raoul.

FRANÇOIS: Raoul quoi?

VIC *(molle):*   J'en sais rien. Qu'est-ce que ça peut faire?

FRANÇOISE: Enfin, t'as l'adresse, le téléphone?

VIC: Non . . . Tout le monde y va, je me débrouillerai.

(Le père et la mère échangent un regard.)

FRANÇOISE: Enfin, écoute, Vic. Il faut quand même que j'appelle la mère de ce garçon . . .

VIC *(horrifiée):*   C'est pas un goûter d'enfants!

FRANÇOISE: Justement, c'est à quelle heure?

(Geste large de Vic.)

VIC: Et qu'est-ce que tu vas lui dire à la mère? «Vous êtes bien la maman de Raoul? Votre petit garçon a invité ma petite fille à sa «sur-boum» . . . » Je vais avoir l'air débile.

FRANÇOIS: Hé ho! Pas ce ton-là, hein! Tu ne peux pas, à ton âge, sortir sans que . . .

(Des larmes montent aux yeux de Vic.)

VIC: Ça fait rien. Laissez tomber! De toute façon, vous en avez rien à foutre! Vous pensez qu'à vous! Vous vous êtes même pas aperçus que j'ai paumé ma gourmette en or . . . J'ai changé ma raie de côté . . . vous l'avez même pas vu . . . J'ai rien à me mettre . . . J'ai plus de chaussettes dans mon tiroir . . . Vous avez même plus le temps de me faire réciter mes leçons, ni, ni, ni de me préparer à bouffer!

(Elle éclate en sanglots et se dirige vers sa chambre. Arrivée sur le seuil, elle se retourne, furieuse.)

VIC: Ça vous est bien égal de savoir si je suis heureuse ou malheureuse!

(Elle sort en claquant la porte.)

FRANÇOIS: Mais qu'est-ce qu'elle a?

FRANÇOISE: Treize ans.

(. . .)

La voiture de François et Françoise roule lentement dans la rue de l'immeuble de Raoul. (Il fait nuit. Assise à l'arrière, raide comme un piquet, Vic est livide: Tout à coup, apercevant deux de ses camarades qui approchent, elle hurle:)

VIC: Arnaud! Jean-Pierre! Sur la mob, là! . . . Va plus loin, va plus loin! Ça fait cloche d'arriver avec vous.

(Regard de François à Françoise. Il s'arrête au coin de la rue.)

VIC: Je peux rester une minute dans la voiture? Je préfère attendre qu'ils rentrent.

FRANÇOISE: Appelle-nous si . . .

FRANÇOIS: Eh, eh, c'est une boum, pas un combat de gladiateurs!

VIC: O.K., j'y vais. Salut!

(Elle leur sourit, crispée, sort très vite et part en courant. Tous deux la suivent du regard. Eux aussi sourient. La voiture démarre.)

(. . .)

L'entrée de l'immeuble de Raoul.
(Vic avance très lentement. Du deuxième étage, les sons de la boum sont déjà perceptibles. Pénélope sort d'un coin du vestibule.)

PÉNÉLOPE: Je t'attendais. J'ai les jetons de monter seule . . .

VIC: On monte à pied?

PÉNÉLOPE *(dans l'escalier):*   J'ai vu Jean-Pierre et Arnaud. Je me suis planquée. *(Elle ouvre son blouson.)* T'aimes?

VIC: Très joli.

(La musique s'amplifie. Elles s'arrêtent devant la porte du deuxième étage. Pénélope va sonner. Vic lui prend les bras.)

VIC: Attends! Je peux pas! J'crois que je veux rentrer à la maison!

PÉNÉLOPE: Oh, écoute! *(Elle sonne. La porte s'ouvre et elles entrent.)*

(. . .)

L'appartement de Raoul.
(Très obscur. Tous les meubles ont été poussés contre les murs. Les rideaux et les volets sont fermés et seuls quelques spots bleus, rouges et verts éclairent faiblement le buffet et la «piste» où aucun couple ne danse malgré le puissant morceau «disco» diffusé par la stéréo. Ils sont pourtant déjà une vingtaine, mais garçons et filles font bande à part. Vic et Pénélope rejoignent leurs consœurs.)

RAOUL: Comment tu la trouves, toi?

ARNAUD *(désignant Pénélope):*   J'aime pas les rousses.

RAOUL: Mais non, l'autre . . . *(Il se dirige vers Vic.)* On danse?

VIC *(montrant la piste vide, sans enthousiasme):*   Tout seuls?

(Raoul s'éloigne vers d'autres filles. Arnaud s'approche de Vic.)

ARNAUD *(direct):* Raoul m'a dit de te dire qu'il voudrait sortir avec toi. Tu veux sortir avec lui?

VIC *(très embêtée):* Ben . . . moi, non . . . Mais j'en connais qui . . .

ARNAUD: Qui?

VIC: Tu me jures de ne pas le répéter? Pénélope. *(Vic s'éloigne.)*

(Raoul à l'autre bout de la pièce arrête la musique et propose:)

RAOUL: Si on faisait un quart d'heure américain?

TOUTES LES FILLES: Ah, non! Pas de quart d'heure américain!!

LES GARÇONS: Ouais! . . . Si, si!

RAOUL: Musique! *(Un «ska» puissant éclate sur la sono.)*

(Pénélope a rejoint Vic. Une fille de douze ans les interroge.)

LA FILLE: Qu'est-ce que c'est un quart d'heure américain?

PÉNÉLOPE: C'est des filles qui invitent des garçons.

(Quelques filles s'enhardissent, invitent des garçons et se mettent à danser.)

PÉNÉLOPE: Qui t'invites, toi?

ARNAUD *(s'approchant de Pénélope):* Raoul veut pas sortir avec toi.

PÉNÉLOPE: Je t'ai rien demandé.

ARNAUD: Ben, je sais pas . . . C'est Vic qui . . .

PÉNÉLOPE *(furieuse à Vic):* Salope!

VIC *(à Arnaud):* Petit con!

(Vic quitte la pièce. Arnaud demeure ahuri.)

(. . .)

Le bureau-bibliothèque.
(La pièce est faiblement éclairée par une lampe posée sur le bureau, près du téléphone.)

VIC *(elle entre, aperçoit l'appareil et compose un numéro):* Papa? J'voudrais que tu viennes me chercher . . . Ben, tout de suite! C'est vraiment minable . . . Y a des Cinquièmes, une bande de petits mecs pas possibles! . . . Vous êtes couchés? . . . Ah bon . . . *(Soudain heureuse.)* Dans une demi-heure en bas? . . . O.K.!

(. . .)

Rue de l'immeuble de Raoul. La voiture des Berreton stoppe devant l'immeuble.
(François, au volant, a gardé sa veste de pyjama sous son imperméable. Françoise lève les
yeux vers le deuxième étage où l'on aperçoit quelques lueurs clignotantes. François passe
son bras autour de sa femme. Tous deux se calent l'un contre l'autre.)

FRANÇOISE: J'ai l'impression que c'était hier.

FRANÇOIS: Je te vois encore avec tes petites robes droites et tes chignons
tout bouclés.

FRANÇOISE: Tu te sens vieux, toi?

FRANÇOIS: Un peu ce soir . . .

(Le temps passe. Dans leur voiture, François et Françoise s'impatientent.)

FRANÇOIS *(retardant sa montre):*   Elle manque pas d'air, hein!

FRANÇOISE *(pleine d'espoir):*   Peut-être que maintenant, elle s'amuse.

FRANÇOIS: Je vais te dire: la prochaine fois, on fait un relais walkie-
talkie avec la boum et on patrouille dans le quartier. Comme ça, en
cas d'urgence . . .

(Deux autres voitures s'arrêtent à la hauteur de celle des Berreton, de l'autre côté de la
rue. Des parents, c'est évident. Ils lèvent aussi les yeux vers l'étage de la boum, puis regar-
dent vers François et Françoise—qui les regardent . . .
Là-haut, tout a changé. Ils sont une bonne trentaine qui dansent comme des fous. Vic
danse avec Mathieu, puis, radieuse mais en sueur, va se rafraîchir au buffet, tandis que
tout autour la boum est à son apogée.)

Réalisation: Claude Pinoteau—Production: Gaumont

Notes*

Henri IV	roi de France (1553–1610)
Clotilde	reine des Francs (475–545), épouse de Clovis, roi des Francs (465–511)
rue Clotilde	rue proche du Panthéon, dans le cinquième arrondissement de Paris
Quartier latin	quartier où se trouvent les principales facultés—dont la Sorbonne
les Quatrièmes	les élèves de Quatrième (13 à 15 ans)
à Jules Ferry	au lycée Jules Ferry (homme d'Etat français [1832–1893], ministre de l'Instruction publique)
un ska (ou **blue beat***)*	musique reggae au rythme rude et haché

*Dans ce chapitre, les notes ne porteront plus que sur les mots de français stan-
dard nécessitant une explication. Pour le vocabulaire argotique, se reporter au
lexique, en fin de volume.

Questions

1. Analysez les sentiments de Vic et de Pénélope le jour de la rentrée.

2. Qu'apprend-on sur la vie au lycée Henri IV?

3. Transposez en français standard.

    a. C'est *une peau de vache*.

    b. Ma *frangine* est une *chieuse*.

    c. T'es déjà sortie avec un *mec*?

    d. Tu *sèches* des cours?

    e. On va se faire *engueuler*.

    f. Il est *chouette*, ton *survêt*.

    g. *Super-sympa, vachement* mignon, Jean-Pierre!

4. Que pensez-vous de la façon dont parlent les élèves d'un grand lycée parisien?

5. Les élèves américains du même âge parlent-ils leur propre langue plus correctement ou non?

6. Cherchez dans le texte des mots et expressions argotiques qui peuvent se transposer en américain non-standard.

7. Quelles sont les réactions des deux filles à la pensée d'aller à la boum de Raoul? Qu'est-ce qui les inquiète?

8. Comment les parents de Vic accueillent-ils l'annonce de la boum à laquelle Vic veut aller?

9. Pourquoi Vic se dispute-t-elle avec sa mère? Que lui reproche-t-elle?

10. Trouvez-vous normal que les parents veuillent savoir avec qui sortent leurs enfants le soir et où ils vont?

11. Décrivez l'arrivée de Vic à la boum? Est-elle joyeuse et décontractée?

12. La boum apporte-t-elle à Vic tout le paisir qu'elle espérait?

13. Pourquoi Vic téléphone-t-elle à ses parents?

14. Que se disent les parents en attendant Vic dans leur voiture?

15. Que pensez-vous de cette réflexion du romancier Patrick Modiano?

    «Comme ce serait étrange si les enfants connaissaient leurs parents tels qu'ils étaient avant leur naissance, quand ils n'étaient pas encore des parents, mais tout simplement eux-mêmes.» (*Une Jeunesse*, 1981)

Théâtre

Quand on relit des pièces de théâtre créées il y a une vingtaine d'années, on est immédiatement frappé par le caractère «écrit» de leur style. Même quand le dialogue peut sembler «naturel», on sent que l'auteur lui a fait subir une certaine «transposition», lui a conféré une «tenue» supérieure à ce que l'on entend quotidiennement. A part de rares exceptions, de telles œuvres sonnent maintenant «faux» et «vieux». Dans la comédie notamment—mais aussi dans des œuvres dramatiques—c'est un style beaucoup plus «parlé» que l'on attend—avec tout ce qu'il peut comporter de familiarité ou de vulgarité. C'est la langue d'aujourd'hui, telle qu'on la parle et qu'on l'entend. Les exemples donnés dans les pages suivantes sont à cet égard fort représentatifs. Nous n'avons retenu ici que deux pièces de Françoise Dorin et une d'Alphonse Boudard. Mais on n'aurait aucun mal à trouver beaucoup d'autres exemples.

Le Tube
Françoise Dorin

Le talent de Benoit Larose, professeur de lettres et écrivain, n'avait pas jusqu'alors été reconnu par les éditeurs. Depuis quinze ans, ses manuscrits avaient été régulièrement refusés. Mais aujourd'hui, il est au comble de la joie. Son dernier roman a été chaleureusement accueilli par une grande maison d'édition et il vient juste de signer le contrat. Il se hâte de rentrer chez lui pour faire part de l'événement à son fils de vingt ans, Laurent, qu'il adore—et avec qui il vit seul. Mais au moment précis où il va annoncer la merveilleuse nouvelle, Laurent lui coupe l'herbe sous le pied en lui apprenant triomphalement qu'il va enregistrer sa première chanson, «Qu'est-ce qu'on s'en fout!» aux Editions Eddy Barclay. Le jeune homme, pas très modeste, est déjà convaincu que son œuvre sera un des «tubes» de l'année . . .

LAURENT: Tiens-toi bien! J'enregistre mon premier disque le mois prochain. Et avec des chœurs, s'il vous plaît! Il sort en juin, avec toute une promotion de prévue pour le lancement. Fantastique, non?

BENOIT: Ah oui! c'est fantastique!

LAURENT: Faut dire que Ménart est vachement sympa. Il ne se prend pas au sérieux. Il met à l'aise. Il vous traite tout de suite en copain, d'égal à égal et pourtant il est considéré comme le meilleur directeur artistique de la boîte et le meilleur talent-scout.

BENOIT: Qu'est-ce que c'est, un talent-scout?

LAURENT: Un type qui découvre des talents inconnus. Lui, il paraît qu'il a un pif insensé. Dès qu'il entend trois mesures d'une chanson, il sent tout de suite si ça sera un tube ou un flop.

BENOIT: C'est rare d'avoir un pif avec les oreilles!

LAURENT *(gentiment):* Ah! dis, tu ne vas pas me reprendre sur la syntaxe, un jour comme celui-là, un jour où ton fils a peut-être écrit le tube de l'été!

BENOIT: Parce que, si je comprends bien, M. Ménart a flairé le tube dans tes chansons!

LAURENT: Attends! Laisse-moi te raconter, tu me gâches tous mes effets.

BENOIT: Excuse-moi.

LAURENT: Alors on a commencé à bavarder un peu avec Teddy de . . .

BENOIT: Pardon, Teddy, c'est M. Ménart?

LAURENT: Oui, son vrai nom, c'est Antoine, mais il se fait appeler Teddy. Je lui ai demandé si ça ne créait pas de confusion avec Barclay qui, lui, s'appelle Eddy. Il m'a répondu que c'était justement pour ça qu'il l'avait fait. Parce que toutes les filles qui téléphonent en disant: «C'est Eddy?», ils répondent oui tous les deux et ils se les repassent de l'un à l'autre. Il paraît que ça donne souvent des trucs assez marrants.

BENOIT *(sans conviction):* Sûrement!

LAURENT: Oh! je sais bien que ce n'est pas terrible, mais je te racontais ça juste pour te montrer un peu dans quelle ambiance ça s'est déroulé. Relax quoi, si tu veux!

BENOIT: Oui, oui, je comprends. Relax.

LAURENT: On a parlé de Bécaud, d'Aznavour, de Freud, de Nietzsche, des nanas . . .

BENOIT: Eclectique dans l'ensemble . . .

LAURENT: Vraiment extra! Tellement qu'au bout d'un moment, c'est moi qui ai été obligé de lui dire: «Dites donc, ce n'est pas tout ça, mais moi je ne suis pas là pour rigoler. Je suis venu pour chanter.» Alors là, changement de décor à vue. Il a fermé la radio. Il a dit à sa secrétaire que personne ne le dérange plus. Il s'est mis la tête dans ses mains et il m'a dit: «Vas-y.» Formidable! mon vieux. D'une seconde à l'autre, plus le même bonhomme!

BENOIT: Ah oui, ça, c'est formidable!

LAURENT: Eh bien, je ne me suis pas laissé impressionner. Je me suis levé, j'ai pris ma guitare, j'ai mis le pied sur la chaise et j'ai annoncé bille en tête: «Qu'est-ce qu'on s'en fout!» Ah! dis donc, si tu avais vu sa tête!

BENOIT: Je croyais qu'elle était dans ses mains!

LAURENT: Ah! Il l'avait relevée . . . Dès qu'il avait entendu le titre.

BENOIT: Il trouvait ça bon comme titre?

LAURENT: Génial!

BENOIT: Il a dit: «génial»?

LAURENT: Je te jure: c'est simple, après il a ajouté: «Continue si tu veux, mais dès maintenant, c'est gagné. Un titre comme ça, il y en a un tous les dix ans.

BENOIT *(ahuri):* «Qu'est-ce qu'on s'en fout»?

LAURENT: Oui, oui, et lui on peut le croire; il a une discothèque dans la tête ce type-là.

BENOIT: Oh! mais je le crois.

LAURENT: Alors, tu penses qu'après ça j'avais des ailes, Je te lui ai balancé ma salade . . . comme un petit ange.

BENOIT: Et qu'est-ce qu'il t'a dit quand tu as eu fini de chanter?

LAURENT: Génial!

BENOIT: Vocabulaire restreint mais percutant.

LAURENT: Qu'est-ce que tu voulais qu'il dise: il était soufflé. Il n'en revenait pas des progrès que j'avais faits en si peu de temps. Après ma chanson, Barclay est entré dans le bureau. Ménart avait branché en douce un micro qui est relié au bureau de Barclay. Il avait tout entendu et il a rappliqué immédiatement avec un contrat dans les mains.

BENOIT: Et tu l'as signé?

LAURENT: Non, mais t'es dingue. Lui, l'a signé. C'est le principal. Moi, j'ai demandé à lire avant. Ce n'est pas que je n'ai pas confiance, mais je voudrais quand même me renseigner. J'ai eu raison, non?

BENOIT: Oui, tu as eu raison, sûrement.

LAURENT: Je dois les revoir dans deux jours. Ils m'ont fait piaffer pendant un mois, ils peuvent bien attendre quarante-huit heures. D'ailleurs, ils ont trouvé ça normal et ça ne les a pas empêchés de déboucher le champagne en mon honneur!

BENOIT: Tu étais heureux?

LAURENT: Jamais je n'ai été aussi heureux qu'en sortant cet après-midi de chez Barclay. Tu ne peux pas savoir, j'étais littéralement fou de joie.

BENOIT: Si! je crois que je sais.

LAURENT: Ah non! Tu ne m'as jamais vu comme ça: j'ai fait des choses insensées: j'ai sauté sur des bancs, je me suis accroché à des branches d'arbres en hurlant comme Tarzan, j'ai embrassé une vieille dame en lui disant: «Vous vous en foutez, mais c'est le plus beau jour de ma vie, et il fallait que je le dise à quelqu'un!» Dingue! vraiment dingue! Tu me demanderais de le refaire, j'en serais incapable!

© Flammarion

Notes

Eddy Barclay (1921–)	producteur d'enregistrements phonographiques
Gilbert Bécaud (1927–), *Charles Aznavour* (1924–)	compositeurs français et interprètes de chansons très populaires
Siegmund Freud (1856–1934)	psychiatre autrichien, fondateur de la psychanalyse
Friedrich Nietzsche (1844–1900)	philosophe allemand
avoir un pif insensé	avoir un flair extraordinaire
balancer	lancer avec force, sans hésitation
ma salade	la chanson que je voulais lui vendre

Questions

1. Construisez quatre phrases sur le modèle suivant, en faisant accorder les pronoms et le verbe: «Je suis recalé au bac, mais *je m'en fous.*»

   a. Claire n'est pas très jolie, mais elle . . .

   b. Ces filles sont trop grosses, mais elles . . .

   c. Nous n'irons pas en vacances, mais nous . . .

   d. Jean ne sait pas nager, mais il . . .

2. Transposez en français standard.

   Ménart est *drôlement sympa.* Il a un *pif super,* ce *mec!* Il est sûr que ma chanson ne sera pas un *flop,* mais un *tube sensass.* Dans six mois, je serai *bourré de fric* et j'aurai une *chouette bagnole.*

3. Que pensez-vous de la façon dont Laurent annonce son succès à son père?

4. Quel succès le père de Laurent vient-il, lui aussi, de remporter?

5. Pourquoi n'en parle-t-il pas à son fils?

6. En quoi cette scène est-elle à la fois comique et dramatique pour le spectateur?

7. Pensez-vous que le succès d'une chanson dépend surtout des paroles ou de la musique? Donnez des exemples.

8. Beaucoup d'«idoles» n'ont pas du tout de voix. Auraient-elles du succès sans micro? Les trucages techniques et le play-back sont-ils des tromperies?

9. Comment une chanson est-elle lancée par les médias? En est-il de même pour un livre?

10. Imaginez ce que seront les réactions de Laurent quand il apprendra la prochaine publication du roman du son père.

11. Cette phrase du journaliste et romancier Bertrand Poirot Delpech aurait-elle pu être prononcée par Laurent?:

«J'ai une bonne nouvelle pour toi: Tout va très bien pour moi!»
Qu'est-ce qui fait l'humour de cette phrase?

12. Beaumarchais a écrit dans *Le Mariage de Figaro* en 1784: «Aujourd'hui, ce qui ne vaut pas la peine d'être dit, on le chante!» Ce jugement sévère est-il toujours défendable? Justifiez votre réponse.

L'Intoxe

Françoise Dorin

Marie-Pierre, dont le mari (Antoine) est acteur, est elle-même responsable d'émissions à la télévision. Elle a deux enfants—Manuel (20 ans) et Sophie (18 ans). Marie-Pierre se plaint des tensions qu'elle a à subir dans son activité professionnelle—et aussi chez elle. Ses rapports avec ses enfants, et en particulier avec sa fille, qui termine ses études au lycée, ne sont pas toujours des plus faciles. Sophie estime en effet qu'il y a des choses beaucoup plus importantes dans la vie que les cours qu'elle suit quand elle n'a rien de mieux à faire. Elle est loin d'être une élève aussi assidue que sa grand-mère, qui, sur le tard, a décidé de passer, elle aussi, son bachot . . .

(Marie-Pierre raccroche le téléphone au moment où sa fille Sophie entre.)

SOPHIE: Tiens! le téléphone marche!

MARIE-PIERRE: Pourquoi il ne marcherait pas?

SOPHIE: La concierge m'a dit hier soir qu'il serait coupé à partir de 10 heures parce qu'on rajoutait des lignes dans le quartier.

MARIE-PIERRE *(décrochant l'appareil et écoutant):*   Oh ben, ça y est. 10 heures une. Plus de jus! Mais dis donc, à cette heure-là, tu devrais être en classe?

SOPHIE: J'y vais tout à l'heure pour le cours d'anglais. Avant il y avait gym et piscine, et ça me rasait.

MARIE-PIERRE: Ça te rasait! Ce qu'il ne faut pas entendre. Quand je pense que ta malheureuse grand-mère, si je ne l'avais pas arrêtée, serait en train de grimper à la corde à nœuds!

SOPHIE: Pour quoi faire?

MARIE-PIERRE: Pour essayer de gagner deux points pour son bac, figure-toi, alors pourtant qu'elle a toutes les chances de le réussir, elle!

SOPHIE: Oui, mais faut pas charrier, elle, elle redouble.

MARIE-PIERRE: N'empêche qu'elle a eu 15 en philo!

SOPHIE: C'est le libraire d'en-dessous qui l'a aidée. Je les ai vus, il planchait pour elle.

MARIE-PIERRE: Tu penses! Mamy qui est une élève si consciencieuse, si assidue . . .

SOPHIE: A son âge, il ne manquerait plus qu'elle sèche! Tiens, à propos . . .

MARIE-PIERRE: Tu veux sans doute un mot d'excuse . . . ?

SOPHIE: Oh! je ne te dérange pas souvent avec ça!

MARIE-PIERRE: Evidemment, d'habitude tu te les écris toi-même. Mais je suppose qu'aujourd'hui, ton stock de mes cartes de visite est épuisé.

SOPHIE: Il m'en reste une, mais j'en aurai peut-être besoin pour le cours de math, cet après-midi.

MARIE-PIERRE: Ah! non, Sophie! Tu ne vas pas encore sécher cet après-midi!

SOPHIE: Mais ce n'est pas sûr. Seulement, vaut mieux prévoir. Si j'ai le temps, j'irai.

MARIE-PIERRE: Et pourquoi tu n'aurais pas le temps?

SOPHIE: Parce que je vais chez le coiffeur.

MARIE-PIERRE: Tu ne pouvais pas te laver les cheveux ici?

SOPHIE: Non. Il me faut une mise en plis. Je dois être toute frisottée pour ce soir . . .

MARIE-PIERRE: Frisottée . . . quelle horreur! Pourquoi?

SOPHIE: Parce qu'il y a une boum ce soir chez Delphine, et que toutes les filles ont décidé d'y aller avec les cheveux frisés, comme elle, des grands anneaux aux oreilles, comme elle, et des grandes jupes bohémiennes, comme elle, rien que pour l'emmerder.

MARIE-PIERRE: Charmantes petites natures!

SOPHIE: Ah! dis donc, depuis le temps qu'elle nous les brise avec son mec qui la trouve tellement originale, tellement exceptionnelle, elle n'a pas volé qu'on lui casse son casino, et lui, ça lui fera bien les pieds de voir son modèle unique tiré à vingt-cinq exemplaires!

MARIE-PIERRE *(explosant):*   Ah! je me doutais bien qu'il y avait un garçon là-dessous. Ce n'est pas difficile: dès que les femmes font des conneries, cherchez l'homme! On a beau vous prévenir dès le berceau que le petit blondinet du square cache dans sa couche-culotte l'instrument de votre perte, on a beau vous élever parmi des pères démissionnaires, des maris infidèles, des amants désinvoltes et des frères tyranniques, on a beau se réjouir d'être trompées, délaissées, exploitées en pensant qu'au moins ça va vous servir d'exemple, ça ne sert à rien. A peine sorties de l'œuf, vous n'avez rien de plus pressé que d'aller docilement vous mettre sous le joug du seigneur et maître, sans même qu'il vous le demande. Que ce soit pour lui plaire ou pour l'emmerder, vous n'agissez qu'en fonction de lui. Et ce soir, il y aura vingt-cinq filles, aussi douillettes que toi, qui se seront fait douloureusement percer les oreilles, vingt-cinq filles comme toi, adeptes convaincues du pantalon, qui porteront des jupes qu'elles abominent, vingt-cinq filles comme toi, partisanes farouches des cheveux raides, qui vont se retrouver avec d'horribles têtes de moutons, vingt-cinq filles qui vont négliger leur travail pour avoir le temps de se déguiser et de s'enlaidir. Et tout ça pour qui? Pour le mec à Delphine! Eh bien, non! ça ne se passera pas comme ça! Tu n'es pas majeure. Je suis responsable de toi, donc de tes oreilles, de tes cheveux, de tes fesses, de tes études, de ta santé et je me dois de les défendre envers et contre tous les mecs à Delphine de la création. Tu n'iras pas à cette boum.

SOPHIE: Qu'est-ce que tu as? Je ne t'ai jamais vue dans un état pareil!

MARIE-PIERRE: Eh bien, il va falloir en prendre l'habitude.

SOPHIE: Pourquoi?

MARIE-PIERRE: Parce que je me soigne.

SOPHIE: En gueulant?

MARIE-PIERRE: Parfaitement. Ordre de la Faculté.

SOPHIE: Je parie que c'est encore une idée de ce dingue de Vanneau!

MARIE-PIERRE: Ah! je t'en prie, ne fonce pas tête baissée dans tous les lieux communs. Ce n'est pas parce que Georges est neuro-psychiatre qu'il est forcément dingue.

SOPHIE: En tout cas, ce n'est pas lui qui m'incitera à faire médecine!

MARIE-PIERRE: On en est pas là, va d'abord à tes cours.

SOPHIE: Alors, donne-moi tes cartes de visite. (*Marie-Pierre va les chercher.*) Je me ferai mon mot d'excuse, ils sont habitués à mon écriture.

MARIE-PIERRE (*jetant les cartes au sol*):   Tiens! prends-les, prends-les toutes, ne va plus en classe, rate ton bac, traîne dans les bistrots, drague le mec à Delphine, gâche ta vie, je m'en fous! mais retiens bien ce que je te dis: du train où tu y vas, tu auras cent ans avant ta grandmère! (*Elle sort vers la salle de bains.*)

SOPHIE (*ramassant les cartes de visite*):   Et du train où elle y va, elle, j'aurai pas vingt ans avant de me tirer!

Notes

redoubler (une classe)	recommencer une année scolaire à cause de mauvais résultats
frisottée	frisée avec de petites boucles serrées
une mise en pli	opération consistant à donner aux cheveux les ondulations voulues
on a beau + *infinitif*	à quoi sert-il de + *infinitif*
des pères démissionnaires	des pères qui renoncent à leur mission d'éducateurs (jeu de mots avec l'expression «des pères missionnaires», prêtres qui ont la mission de propager leur religion)
sous le joug de	sous la domination de
du train où tu vas	à la vitesse où tu vas

Questions

1. Résumez la situation avant le début de la scène.

2. Pourquoi Sophie n'est-elle pas encore partie au lycée?

3. Pourquoi la grand-mère de Sophie a-t-elle repris ses études?

4. Pourquoi Sophie serait-elle, au contraire, très heureuse de quitter le lycée?

5. Quel est le sujet de la dispute entre Sophie et sa mère, Marie-Pierre?

6. Pourquoi Sophie a-t-elle besoin d'aller chez le coiffeur?

7. Qu'est-ce que Sophie et d'autres filles ont imaginé pour embêter leur camarade Delphine?

8. Transposez en français standard.

   On va jouer à *emmerder* Delphine. On aura toutes nos *tifs* frisottés comme elle, ce soir, et nous allons toutes nous *fringuer* exactement comme elle. Ça lui *cassera son casino*. Elle se mettra en *rogne* et commencera à nous *engueuler*. Et nous, nous *rigolerons* bien en regardant sa *trombine* et celle de son *mec*, qui la trouve tellement *sensass*. Ça *lui fera les pieds*.

9. Que pensez-vous de cette remarque de la romancière Catherine Arnothy? «J'ai horreur de la grossièreté, surtout dans la bouche d'une femme.»

10. Aimez-vous, ou détestez-vous, avoir des disputes avec vos parents? Expliquez pourquoi. Savez-vous tous contrôler votre vocabulaire quand vous vous querellez?

11. Lisez à deux une partie ou la totalité de cette scène, en interprétant chacun(e) un rôle.

L'Intoxe (suite)

Françoise Dorin

Marie-Pierre, que l'agressivité de son entourage mène au bord de la dépression nerveuse, décide de suivre les conseils de son voisin, libraire, M. Doucet, qui mène une campagne «anti-rogne», «anti-hargne», en vue de détendre les relations familiales et sociales. Hélas, le comportement de Sophie ne va pas faciliter la cure de désintoxication que sa mère vient juste d'entreprendre.

(Sonnerie de téléphone. Marie-Pierre se dirige vers l'appareil.)

MARIE-PIERRE *(décrochant le téléphone):* Allô! Ah! c'est toi, Valérie?

ANTOINE *(à Doucet):* C'est une amie de ma fille.

MARIE-PIERRE *(dans l'appareil):* Non, je pense que Sophie n'est pas encore levée, je ne l'ai pas vue.

ANTOINE *(à Marie-Pierre):* Pas levée? à 11 heures et demie! . . . Ah ça, elle exagère. Attends! Je vais te la réveiller, moi. *(Il sort.)*

MARIE-PIERRE *(dans l'appareil):* Une seconde, Valérie, mon mari est parti la chercher. Ne quitte pas. *(Elle pose l'appareil.)*

DOUCET: C'est un bon père pour ses enfants?

MARIE-PIERRE: Il ne leur ferait pas de mal . . . enfin, pas exprès.

DOUCET: Mais il s'en occupe?

MARIE-PIERRE: Oh! vous savez, ils sont grands maintenant, ils s'habillent tout seuls.

DOUCET: Je voulais dire: il leur parle?

MARIE-PIERRE: Oh oui, quand il est là, tous les jours: «Passe-moi le sel; baisse ta sono; demande à ta mère; fous pas tes pieds là.»

DOUCET: Mais eux, qu'est-ce qu'ils disent?

MARIE-PIERRE: «C'est génial. C'est extra. C'est dégueu. C'est débile. C'est fastoche.»

DOUCET: Je vois, ils ont un mot pour tout.

ANTOINE *(entrant dans un grand mouvement):* Merde de merde de merde!

DOUCET: Lui aussi!

MARIE-PIERRE: Qu'est-ce qu'il y a?

ANTOINE: Sophie n'est pas là et son lit n'est pas défait.

MARIE-PIERRE *(déjà inquiète):* Ce n'est pas vrai!

ANTOINE *(prenant l'appareil):* Valérie! Non, son père! Sophie est dans son bain, elle vous rappellera tout à l'heure . . . ou plutôt ce soir. C'est ça, au revoir. *(Il raccroche.)*

(. . .)

DOUCET: Attendez! j'entends la porte.

ANTOINE: Ah! si c'est elle, j'aime autant vous dire que je vais me défouler un grand coup.

MARIE-PIERRE: Ah! ça, moi aussi.

DOUCET: Ah! non! plus tard, pas maintenant.

(Sophie entre, en gitane, le cheveu en bataille, la mine défaite, frissonnante.)

MARIE-PIERRE: Mais oui, c'est notre chère petite fille . . . Qu'est-ce qu'il t'est arrivé?

SOPHIE: On s'est endormis.

MARIE-PIERRE: Ça, c'est un comble! Tu rentres à 11 heures et demie du matin et c'est tout ce que tu trouves à dire?

SOPHIE *(agressive)*:   Ben oui! . . . On s'est endormis. Mais si tu veux des détails, il est beau comme un dieu, fort comme un Turc. J'en suis complètement dingue et je n'ai qu'une envie, c'est de me tirer d'ici pour me refiler dans ses toiles.

© Flammarion

Notes

anti-rogne	contre la colère
anti-hargne	contre la mauvaise humeur, contre l'agressivité
Valérie	une amie de Sophie
gitan(e)	bohémien(ne)
le cheveu en bataille	les cheveux en désordre
la mine défaite	le visage fatigué
on s'est endormis	nous nous sommes endormis
c'est un comble	cela dépasse la mesure, cela dépasse ce que l'on peut tolérer
se refiler dans les toiles	se glisser de nouveau dans les draps, se remettre au lit

Questions

1. Quelles sont les professions du père et de la mère de Sophie?
2. Quel genre de père est Antoine, tel que le voit sa femme Marie-Pierre?
3. Son métier d'acteur permet-il à Antoine de mieux «jouer son rôle» à la maison?

4. Qu'est-ce qui caractérise, selon vous, un «bon» et un «mauvais» père?

5. Quel genre de dialogue existe-t-il, selon Marie-Pierre, entre Antoine et ses enfants?

6. Pensez-vous que l'habitude qu'ont beaucoup de jeunes de répondre par des mots passe-partout est en partie responsable de la mauvaise communication avec leurs parents?

7. Quel est le double sens de la phrase: «[Les jeunes] ont *un mot pour tout*»?

8. Croyez-vous que la plupart des enfants ont vraiment envie de communiquer avec leurs parents, de se confier à eux et de leur demander conseil?

9. Comment qualifieriez-vous, «d'un mot», vos parents? (autoritaires, affectueux, idiots, sensass, attentifs, indulgents, inquiets, confiants, soupçonneux, exigeants, indifférents, incompréhensifs, aveugles, naïfs, patients, généreux, dépassés, merveilleux, lointains?) Donnez un ou deux exemples de leur attitude envers vous qui justifient votre choix.

10. Interprétez, à quatre, cette scène de *L'Intoxe*.

11. Imaginez ce qui a dû se passer dans les heures qui ont suivi le retour de Sophie à la maison.

12. Écrivez un dialogue entre Sophie et sa mère Marie-Pierre juste après cette scène, en utilisant un certain nombre de mots d'argot. (Reportez-vous aux pages 23–24, Les etudes, et 30–34, La communication, les sentiments, les réactions émotionelles.)

Les Sales Mômes

Alphonse Boudard

Scène I: *Nous sommes sur une plage de la côte atlantique au mois d'août. Le lieu est évoqué par un fond sonore et par des décors représentant une digue, des cabines de bain, etc. Sur la scène, deux monstrueux enfants. C'est-à-dire deux adultes en tenue de bain (ils peuvent avoir des petits maillots de corps avec des Mickey, des Snoopy). Ils ont des pelles, des seaux . . . ils font des pâtés de sable assis sur la plage. Les deux garçonnets sont supposés avoir une dizaine d'années. Martial est plutôt calme et gentil. Bastien est plus exubérant. Il s'exprime en enfant «cool» au langage ordurier. Sans raison apparente, Bastien d'un grand coup de pelle démolit un joli pâté que Martial venait de faire.*

MARTIAL: Ça va plus, non? . . . Qu'est-ce qui te prend?

BASTIEN: Y me prend que je m'emmerde.

MARTIAL: C'est pas une raison pour venir me foutre mon pâté de sable en l'air! Si tu recommences, je vais le dire à ma mère.

BASTIEN: Ta mère, c'est une conne!

MARTIAL: Je vais lui dire que t'as dit ça . . . Elle le dira à ta mère et puis tu verras!

BASTIEN: Je verrai rien . . . Ma mère d'abord, elle me touche jamais . . . Je fais ce que je veux, t'apprendras!

MARTIAL: Tu ne fais tout de même pas pipi dans la soupe?

BASTIEN: Je pisse pas dans la soupe parce que ça m'amuse pas, mais si je voulais je pisserais dans la soupe et personne me dirait rien. C'est comme ça, mon pote . . . Ça pourrait me traumatiser, tu comprends, si on me disait des paroles déplaisantes.

MARTIAL: En tout cas, si tu recommences à me démolir mes pâtés, moi, je vais te traumatiser la gueule et ça sera tant pis pour ton cul!

BASTIEN *(ricanant):*   C'est con ce que tu dis là . . .

MARTIAL: Et pourquoi c'est con ce que je dis?

BASTIEN: Parce que ma gueule c'est pas mon cul et réciproquement.

Ils se sont remis à leurs pâtés de sable . . . Petit silence, puis:

MARTIAL: C'est vrai que ta mère elle te laisse faire tout ce que tu veux?

BASTIEN: J'en abuse pas trop, j'ai pitié d'elle.

MARTIAL: Et ton père, lui, qu'est-ce qu'il dit?

BASTIEN: Rien. Il s'en fout, mon père . . . Il a bien raison. De toute façon, il nous a crachés ici et il est rentré à Paris. *(Il observe Martial qui entasse du sable entre deux pâtés.)* Qu'est-ce que tu fais?

MARTIAL: Un château fort . . . j'ai commencé par les donjons . . . et là, je fais les murailles avec les créneaux.

BASTIEN: C'est de là qu'ils foutaient de l'huile bouillante sur la gueule de leurs ennemis, nos ancêtres les Gaulois. Ils devaient bien se marrer!

MARTIAL: Quand même, c'étaient des barbares.

BASTIEN: Et alors, c'est chouette d'être barbare. T'es pas barbare, toi?

MARTIAL: Mon père y veut pas.

BASTIEN: Il est là ton père?

MARTIAL: Non, il va peut-être venir au week-end et alors s'il me voit faire le barbare . . .

BASTIEN: Ben, en attendant, tu peux faire le barbare si ça te fait plaisir.

MARTIAL: Mais ça me fait pas plaisir. Moi, je préfère la civilisation.

BASTIEN: Qu'est-ce qu'il branle ton père?

MARTIAL: Il est au ministère de la Finance.

BASTIEN: Il doit s'en mettre plein les fouilles, alors!

MARTIAL: Mais non, il est vachement honnête mon père.

BASTIEN: La finance, c'est bien si on peut piquer du blé, sinon ça doit être chiant comme la mort.

MARTIAL: Tu dis ça parce que tu dois être nul en calcul!

BASTIEN: Tous les métiers, c'est pareil. Ils sont tous cons . . . c'est ce que dit mon oncle Jean-Jacques. Lui, alors, c'est un drôle de loulou, un héros des barricades de Mai 68 . . . Dans la soupe, il pisse tous les jours . . . je parle au figuré, si tu vois ce que je veux dire. Mais au propre, ça serait pareil si l'envie lui en prenait.

MARTIAL: De toute façon, pisser dans la soupe, ça peut pas être au propre.

BASTIEN: L'essentiel, mon frère, c'est de se soulager quand on en a envie.

Martial est en train de peaufiner son château fort. Il égalise le sable entre les créneaux.

MARTIAL: C'est chouette, hein?

BASTIEN: Complètement débile. La mer va monter et t'auras travaillé pour rien.

MARTIAL: La mer ou autre chose, tout ce qu'on fait, ça finit par se défaire.

BASTIEN: Alors, jouons à la guerre . . . On va détruire . . . On va jeter de l'huile bouillante sur les ennemis! Moi, j'aime bien à la télé quand toutes les maisons s'écroulent sous les bombes et que tu vois les mecs dégringoler en se tenant les tripes . . . Allez, on y va! . . . *(Il imite avec sa pelle un avion qui pique sur le château de sable de Bastien.)* Baoum! . . . Tac! Tac! Tac! Baoum!

Il détruit le château de sable en poussant des cris sauvages.

© Editions de La Table Ronde, 1983

Notes

une digue	longue muraille pour arrêter les eaux
pâtés de sable	sable moulé à l'aide d'un seau
ordurier	très vulgaire, grossier
ça (ne) va plus?	tu es malade? tu es devenu fou?
je m'emmerde	voir page xx, La famille Cambronne
foutre en l'air	démolir
une conne	voir pages 00 et 00, La famille Ducon
traumatiser	blesser, causer des troubles divers—physiques et psychiques
ça sera tant pis pour ton cul	ton cul le regrettera (car tu recevras des coups de pied dans le derrière)
crachés	éjectés, deposés
les créneaux	ouvertures en haut des remparts pour repousser les assauts de l'ennemi
un loulou	un loubard, un voyou
au figuré/au propre	au sens figuré, imagé/au sens propre, littéral
peaufiner	achever minutieusement
dégringoler	tomber
les tripes	les boyaux, le ventre

Questions

1. Transposez en français standard.
   a. *C'est pas* une raison.
   b. Je vais lui dire que *t'as* dit ca.
   c. *Je verrai* rien.
   d. Et *pourquoi c'est con?*
   e. Mon père *y veut pas.*
   f. *Ça me fait pas* plaisir.

2. Sous quel aspect l'auteur présente-t-il ses deux personnages «monstrueux»?

3. Voyez-vous plutôt en eux des enfants avec un physique d'adultes— ou des adultes déguisés en enfants?

4. Où la scène se passe-t-elle et que font Martial et Bastien?

5. En quoi les deux enfants sont-ils différents?

6. Comment Bastien et Martial parlent-ils de leurs parents et de l'éducation qu'ils reçoivent?

7. Pourquoi Bastien aurait-il plutôt dû s'appeler «Martial»? A quels moments voit-on le mieux son caractère?

8. Trouvez un passage où Martial, qui parle en général assez correctement, emploie une langue argotique et vulgaire. Pourquoi?

9. L'auteur a dit que sa pièce était une «farce». Que voyez-vous d'autre derrière le décor et les déguisements insolites? Quels problèmes d'adultes les propos des enfants évoquent-ils?

sketches

Le «One man/woman show» connaît un grand succès depuis plusieurs années et divers comédiens arrivent à remplir une salle à eux seuls pendant cinquante, cent représentations consécutives, ou plus. On trouvera ci-après des sketches de trois des auteurs-interprètes les plus appréciés du public: Guy Bedos, Zouc et Sylvie Joly. Bien entendu, la diffusion de ces sketches est aussi très largement assurée par les enregistrements, la radio et la télévision.

Kiki princesse des neiges
Guy Bedos

Un châlet-restaurant de montagne. Derrière son bar, Kiki, championne olympique, astique fiévreusement une énorme coupe, également olympique. Au fond, sur une étagère, d'autres coupes, des médailles, des photographics géantes de Kiki. Ambiance enfumée . . . Des voix, des rires, de la musique.

UNE VOIX OFF: Cet hiver, pendant les jeux olympiques, vous avez pu suivre sur vos écrans de télévision les merveilleuses performances de nos skieurs français. Mais ces champions, championnes, que deviennent-ils aux temps chauds? C'est à Kiki Ritchel, l'une de nos plus prestigieuses championnes, que nous sommes allés le demander . . .

VOIX: Bonjour, Kiki!

KIKI *(toute à son nettoyage):*   Salut.

VOIX: Vous me semblez bien absorbée . . . Qu'est-ce que vous faites exactement?

KIKI: J'astique . . . Je frotte . . . Je récure . . . Je torchonne quoi . . . C'est que les coupes, suffit pas de les gagner . . . Quand on rentre à la maison . . . faut se farcir l'entretien.

VOIX: Ah! oui, c'est vous-même qui? . . .

KIKI: C'est moi-même.

VOIX: Elle est très belle celle-ci, d'ailleurs.

KIKI: Ouais . . . Mais alors, c'est un vrai nid à poussière . . .

VOIX: Vous vous donnez beaucoup de mal . . .

KIKI: Et encore, les coupes . . . c'est rien . . . Mais les médailles . . . pour les ravoir . . . c'est duraille . . . *(Elle crache furtivement, afin d'améliorer le nettoyage.)*

VOIX: D'autant qu'avec toutes les victoires que vous avez remportées, vous devez avoir du travail.

KIKI: Y'a pas à se plaindre.

VOIX: Vous vous êtes bien défendue cette année . . .

KIKI: Ouais, c'était sympa.

VOIX: Vous n'avez pas été première partout, je crois?

KIKI: Non. Ni en géant ni en descente. J'ai pas eu la baracca . . .

VOIX: Par contre . . . Pour le slalom spécial . . .

KIKI: Ouais . . . Pourtant, il portait bien son nom, çui-là, il était spé-
        cial . . . c'était plus une piste . . . C'était une tranchée, comme en
        quatorze . . . *(Elle éclate d'un gros rire.)*

VOIX: Mais ç'qu'il y a de merveilleux avec vous, c'est qu'on ne vous
        imagine pas exprimant de l'amertume . . .

KIKI: Ben, non. On a la baracca ou on n'a pas la baracca . . . Là j'ai eu
        la baracca . . .

VOIX: Vous avez été, avec vos camarades de l'équipe de France, décorée par
        le Ministre . . . On a dit que vous avez beaucoup sympathisé avec lui?

KIKI: Ouais, on a bouffé ensemble . . . C'était assez marrant . . . Je lui
        ai raconté des histoires qu'il ne connaissait pas . . . des salées . . . il
        s'est vachement poilé . . . Maintenant c'est mon pote . . .

VOIX: Et vous voilà revenue, couverte de lauriers, dans la maison de
        vos parents . . . C'est là que nous sommes venus vous surprendre . . .
        Mais où sommes-nous, exactement, dans un restaurant?

KIKI: Ouais . . . C'est un . . . bistrot . . . une gargote . . .

VOIX: Ils doivent être heureux, vos parents, de vous voir rentrée?

KIKI: Ma mère surtout. Je suis pas souvent là pour le service. Ça fait
        des frais de personnel.

VOIX: Ah! Parce que vous mettez la main à la pâte?

KIKI: Un peu, mon neveu. Ici, y a pas de championne olympique qui
        tienne . . . Faut bosser.

VOIX: Mais, tous ces succès, ça doit tout de même lui faire plaisir, à
        votre maman?

KIKI: Ouais . . . Elle trouve ça chouette . . . Ça fait de la publicité pour
        la maison . . . Et ça, elle crache pas dessus, tu parles . . . la presse . . .
        les titres . . . Kiki, Princesse des neiges . . . ça attire la clientèle . . .
        c'est appréciable . . .

VOIX: Il est certain qu'aucune auberge de la région ne peut se flatter de
        faire passer les plats par une princesse des neiges . . .

KIKI: Non . . . ça . . . question princesse . . . Y'a qu'ma pomme . . .

VOIX: Vous parliez de la presse . . . On a souvent souligné, dans cette
        presse, votre côté garçon . . . certains ont même été choqués . . .

KIKI: Ouais ... J'sais bien ... depuis toute môme on me répète ça: «T'as l'air d'un gars ... t'as l'air d'un gars ... ». Ma mère ... Chaque fois que je reviens ... elle veut me faire foutre en jupe ... Dès qu'elle me voit en fuseaux, c'est la crise ... Et si y'a un truc que j'ai horreur, c'est de me mettre en bonne femme.

VOIX: Pourquoi?

KIKI: C'est pas mon genre. A Paris, y'a des types qui m'ont tannée pour que j'présente une collection de mode. Mode jeune fille ... Je cours encore. Vous me voyez avec un p'tit nœud dans les cheveux et une barboteuse?

VOIX: Vous seriez charmante!

KIKI: Tu parles, Charles ... Pourquoi pas de faux cils ... Y'a deux ans, pendant les compétitions, j'avais mis un peu de rose sur les lèvres ...

VOIX: Ah! C'est un début!

KIKI: Pas pour faire joli. Elles étaient gercées. Et j'avais plus de pommade incolore ... Oh! ce rose ... la crise ... toute l'équipe s'est foutue de moi ... Y'en a trois qui sont tombés pendant le parcours ... Ils arrivaient pas à reprendre leur sérieux ... Mauvaise année pour le drapeau ...

VOIX: Est-ce que vous pensez quelquefois à vous marier?

KIKI: Non ... ça de ce côté là, j'suis assez pépère ...

VOIX: Mais parmi ceux qui vous entourent, qui aimeriez-vous épouser?

KIKI: Ma sœur. *(Elle éclate d'un gros rire.)* Ah! Ah! j'vous ai eu, là ...

VOIX: Vous n'êtes pas sérieuse ...

KIKI: Faut bien se marrer un peu.

VOIX: Et les garçons de l'équipe, vous les aimez bien?

KIKI: J'aime bien les garçons ... J'aime bien les filles aussi ... J'aime bien l'équipe. Et l'équipe, c'est l'équipe ...

VOIX: Bien ... Je crois que nous allons à présent vous laisser à votre glorieux nettoyage ...

KIKI: Ouais, j'vais terminer ma vaisselle ...

VOIX: En vous remerciant d'avoir répondu à nos questions aussi ... naturellement ...

KIKI: Normal ...

VOIX: A bientôt, Kiki.

KIKI: Salut!

Notes

astiquer	frotter pour faire briller
récurer	nettoyer avec un abrasif
cracher	projeter de la salive
en quatorze	comme en 1914 (pendant la Première Guerre mondiale)
mettre la main à la pâte	travailler soi-même manuellement
Un peu, mon neveu.	Naturellement. Bien entendu. (expression populaire où l'on ajoute, par plaisanterie, une rime qui ne veut rien dire; Voir plus bas: *Tu parles, Charles . . .*)
elle crache pas dessus	elle ne dit pas non, elle aime bien
des fuseaux	pantalon serré aux chevilles et muni de sous-pieds
Je cours encore.	Je me suis enfuie (et je cours encore.)
une barboteuse	petite combinaison d'enfant qui laisse nus les bras et les jambes pour qu'il puisse barboter (jouer dans l'eau)
les lèvres gercées	lèvres fendillées par le froid *(chapped)*

Questions

1. À quelle occupation surprenante la Princesse des neiges est-elle en train de se livrer quand l'interviewer arrive? Est-elle gênée d'être vue ainsi?

2. Remplacez les mots en italique par des mots d'argot.

   Gagner des coupes, c'est *facile*. Mais les astiquer c'est *pénible. J'en ai* un peu *assez*. Mais il faut que je *travaille moi-même manuellement* pour aider *ma mère* et son *restaurant*.

3. Beaucoup de champions ont appris à répondre correctement aux journalistes. Est-ce le cas de Kiki? Pourquoi préfère-t-elle être naturelle?

4. Ce sketch a été inspiré par une championne olympique française qui parlait toujours un langage argotique. Pourquoi cela la rendait-il très populaire?

5. Que pensez-vous des questions assez perfides du journaliste? Que cherche-t-il à obtenir?

6. Qu'est-ce que pense Kiki de la mode et de l'élégance, en ce qui la concerne.

7. Qu'est-ce qui fait le comique de ce sketch?

8. Quels défauts, fréquents chez les champions, Kiki n'a-t-elle pas?

9. Interprétez ce sketch avec un(e) partenaire pour en faire apparaître l'humour.

10. Imaginez:

    a. L'article caricatural que le journaliste publiera le lendemain dans un journal satirique.

    b. L'article amical et admiratif que le même journaliste publiera dans un hebdomadaire féminin.

Le Boxeur

Guy Bedos (texte de Jean-Loup Dabadie)

Hier soir, au Palais des Sports, un jeune boxeur, battu par knock-out au premier round, a peut-être vu s'envoler sa dernière chance de devenir un grand champion. Nous sommes allés lui poser quelques questions.

QUESTION: Alors, ça va un peu mieux?

RÉPONSE: Oui, aujourd'hui, ça va mieux. J'ai fait des compresses. C'est ma femme qui m'a soigné.

QUESTION: Elle a dû être déçue, votre femme?

RÉPONSE: Elle a été surprise. Elle m'attendait pas de si bonne heure.

QUESTION: Oui. On peut dire que ça a été rapide. Le combat a duré combien de temps, exactement?

RÉPONSE: Deux minutes neuf secondes. Enfin, ôtez dix secondes pour le K.O . . . je pose mon neuf, je retiens un, ça fait une minute cinquante-neuf . . . D'un côté, on est plus vite rentré chez soi. Parce que, traîner sur un ring, et puis au vestiaire, et puis au bistrot, c'est pas une solution non plus. Surtout pour un sportif.

QUESTION: Que pensez-vous de votre adversaire?

RÉPONSE: Un type très antipathique . . . Tout de suite, il m'a déplu, d'ailleurs. Je l'ai dit à Monsieur Ramirez. Monsieur Ramirez, c'est mon manager . . . Je lui dois tout . . . C'est lui qui m'a trouvé mon surnom . . . Punching Bill . . . C'est pas mon vrai nom. Moi, je m'appelle Maurice . . . C'est comme Johnny Hallyday, il s'appelle pas Johnny Hallyday . . . Je le sais . . . Je l'ai lu . . . Je lis beaucoup . . . C'est M'sieur Ramirez qui m'a fait découvrir la lecture . . . Je lui dois tout . . . La boxe, la culture . . . Punching Bill . . . Hier soir, il y a des mal élevés qui m'ont appelé Punching Ball.

QUESTION: C'est pas gentil, ça . . .

RÉPONSE: S'ils croient me démoraliser . . . M'sieur Ramirez m'a dit que j'avais le moral, alors . . .

QUESTION: L'opinion du vaincu sur le vainqueur . . . Vous ne m'avez pas tout dit sur lui?

RÉPONSE: Un type odieux. J'aime pas le mot d'«adversaire» . . . C'est vrai . . . On est tous des frères. Mais celui-là . . . Aïe . . . Aïe . . .

Aïe . . . Enfin . . . Je suis pas le genre à porter plainte . . . *(Il se masse le visage).*

QUESTION: Qu'est-ce que vous avez?

RÉPONSE: C'est rien. J'ai dû mal me recevoir en tombant. Il m'a donné une châtaigne dans la figure . . . Une méchanceté . . . Si tous les boxeurs du monde voulaient se donner la main, je dis des fois . . . C'est une boutade . . . Parce que, il y a l'idéal, et puis il y a la dure loi du ring . . . Comme dit Monsieur Ramirez . . .

QUESTION: Hier soir, ça a été tellement vite. Je n'ai pas bien réalisé . . . Qu'est-ce qui s'est passé?

RÉPONSE: Je sais pas. C'est lui qui a commencé. Un garçon plein de poils partout, d'abord . . . Un genre épouvantable . . . C'est vrai, on se rase . . . Il m'écœurait, c'est simple! Il s'est jeté sur moi, je ne sais pas, vous auriez cru que j'avais dit du mal de lui . . . Je le connaissais même pas. Et au moment où je faisais un signe à Jeanine, à la Télé . . .

QUESTION *(l'interrompant):* Vous avez la Télé?

RÉPONSE: Oui, on a la Télé. Je la paye avec mon tempérament . . . C'est M'sieur Ramirez qui m'a avancé les premiers sous . . . Alors, je fais un petit geste à la caméra, pour ma femme . . . Pan . . . Interlude . . . Plus de son . . . Plus d'image . . . Il m'a tapé dans l'œil . . . Et dix secondes, ça passe vite, quand on a sommeil . . . Enfin . . . Parce que la boxe, c'est jamais qu'un jeu . . . Le type qui boxe . . . Pour gagner, c'est plus du sport. Il faut pas se prendre au jeu . . . Moi, je m'amuse . . . Seulement, j'ai des bras trop petits . . . C'est pas des blagues. Autrement, pour boxer, faut pas être sorti de Polytechnique, je vais pas entrer dans des détails anatomiques . . . Alors, quand je me protège la tête *(geste)* comme j'ai des bras trop petits, j'ai le ventre à l'air . . . Et inversement . . . *(geste)* J'ai plus qu'à fermer les yeux. Ou alors il y a les jambes, pour se replier. Moi et mon jeu de jambes . . . C'est pas pour me donner des coups de pied dans les chevilles, mais j'ai un jeu de jambes terrible . . . M'sieur Ramirez dit que je suis un des plus rapides autour d'un ring . . .

QUESTION: Comment expliquez-vous votre défaite?

RÉPONSE: J'ai jamais eu d'instincts sauvages . . . Je refuse la vio-lence . . . Déjà quand j'étais petit et que mon frère me frappait, j'ap-pelais ma mère. Alors, hier soir, quand M'sieur Ramirez m'a crié: «Au buffet . . . Au buffet! . . . » D'abord, c'était pas malin; parce que moi, j'avais la tête ailleurs . . . Je pensais à autre chose . . . Je pensais à ma petite Patricia, qui vient de perdre deux dents . . . Comme son papa . . . L'autre, il a entendu le premier, et il a cru que c'était pour lui . . . Au buffet . . . Qu'est-ce qu'il m'a mis. Enfin . . .

QUESTION: Pourquoi êtes-vous devenu boxeur?

RÉPONSE: Oh! Moi, j'étais pas chaud . . . C'est Jeanine et M'sieur
Ramirez qui m'ont poussé . . . Lui, c'est un ami de longtemps . . . Un
ami du côté de ma femme, d'ailleurs . . . Ils sont très intimes . . . Des
fois, je vais au cinéma, il reste avec elle pour pas qu'elle s'embête . . .
Jeanine ça lui donne des migraines le cinéma . . . Moi, c'est M'sieur
Ramirez qui m'a fait découvrir le cinéma . . . Tout le temps, il m'envoie au cinéma . . . c'est lui qui me l'a fait découvrir . . . Ça et les
livres . . . Je dévore . . . Sans M'sieur Ramirez, je serais qu'une
brute . . . C'est lui qui me l'a dit . . . Je dévore littéralement . . . Dos-
toïevski . . . Jules Verne . . . Maxence Van der Mersch . . . Je dévore.
J'adore ça . . . Mais la boxe . . . C'est un sport qui comporte bien des
vicissitudes . . .

QUESTION: Qu'est-ce que vous allez faire, maintenant?

RÉPONSE: Je vais écrire un livre . . . Où je raconte des choses de ma
vie . . . C'est pas ce qui manque . . . J'ai une tête comme ça! *(Il fait le
geste «grosse comme ça»).*

© Editions et Instruments Paul Beuscher

Notes

je pose mon neuf, je retiens un	je pose mon 9, je retiens 1 (*I put down 9, I carry 1*) jeu de mots involontaire du boxeur: «mon 9» et «mon œuf»
des mal élevés	des insolents, des gens sans éducation
avoir le moral	se sentir sûr de gagner (contraire de *être démoralisé*)
J'ai dû mal me recevoir en tombant.	J'ai dû tomber maladroitement.
il m'écœurait	je le trouvais dégoûtant
Je la paye avec mon tempérament . . .	il faut dire: à tempérament (*in installments*); effet involontairement comique de «avec mon tempérament» qui peut vouloir dire «avec ma nature très sensuelle»
Il m'a tapé dans l'œil . . .	jeu de mots: (au sens propre) il m'a donné un coup de poing dans l'œil; (au sens figuré) il a vivement attiré mon attention, il m'a plu
se replier	reculer, battre en retraite
mon jeu de jambes	la façon dont je bouge quand je boxe (*my footwork*)
se donner des coups de pied dans les chevilles	se vanter (*to blow one's own horn*)
un des plus rapides autour d'un ring	pour courir/fuir autour d'un ring

Au buffet! Au buffet! — double sens: Viens au buffet (pour boire un verre)! Frappe-le au buffet! (Frappe-le à l'estomac!)

Questions

1. Comment Punching Bill raconte-t-il son retour à la maison après sa défaite?

2. Quelle idée assez étrange Punching Bill se fait-il de la boxe?

3. Remplacez les mots en italique par des mots argotiques. Revoir les pages 16–18 (Le visage, le corps) et 38–39 (La violence).

Mon adversaire était un *voyou* qui ne pensait qu'à *se battre*. Quand je me suis avancé vers lui en souriant, il m'a donné un *coup de poing* dans le *nez,* un autre dans l'*œil* gauche et un troisième dans l'*estomac.* Il semblait prendre la *tête* de Punching Bill pour un punching-ball . . . Un *fou,* ce *type*!

4. Pour quelles raisons physiques et morales Punching Bill ne sera-t-il jamais un champion?

5. Le boxeur a-t-il raison d'avoir grande confiance en son entraîneur?

6. Qu'est-ce qui crée le comique dans ce sketch? (Etudiez notamment l'emploi des paradoxes et des jeux de mots.)

7. «Il n'y a pas cinquante façons de combattre, il n'y en a qu'une. C'est d'être vainqueur.» Croyez-vous que cette phrase d'Andre Malraux, se rapportant à la guerre, puisse et doive s'appliquer aux sports?

La Drague*

Zouc

Bonjour!

Ça va autrement?

On peut vous offrir quéqu'chose?

I'm semble que j'vous reconnais. Vous étiez pas a la fête de la gym l'autre samedi?

Ouais, i'm semblait bien.

Vous êtes d'ici?

C'est pas indiscret si on vous demande ce qu'vous faites? J'veux dire le boulot, quoi!

Ah ouais.

Vous dansez pas?

L'orchestre est pas terrible, mais c'est assez sympa autrement.

Ouais.

Y a deux ans, y avait une sacrée autre ambiance.

Comme ça vous êtes toute seule?

Vous allez quand même pas m'dire qu'vous êtes une timide, allez!

Ça va encore être une de ces nuits où j'vais pioncer quatre heures! Oh on s'y fait!

C'est surtout le lundi matin. Alors j'vais au boulot au radar. Mais c'est pas l'tout, si l'patron m'choppe en train de pioncer, tu vois un peu ça!

Ouais . . . on est venu avec des copains. Oh i sont en train de draguer quelque part, tu vois ce que j'veux dire.

Mais si j'vous gêne, faut me le dire tout de suite, hein! Moi, j'suis pas comme ça. C'est la femme qui décide . . . Mais j'suis bien content d'être avec vous, parce que vous êtes vachement sympa.

Déjà la dernière fois, j'me disais, faudra qu'j'l'invite à boire un verre. Ouais, ouais, une belle fille. Vous voyez comme c'est!

Vous trouvez pas qu'y fait chaud ici dedans?

Qu'est-ce que vous en pensez, si on faisait un petit tour dehors?

Ça vous gêne pas si je vous tutoie des fois?

Mais non, y fait pas froid. Et s'il fait froid, ma foi, j'vous réchauf-ferai . . .

Salut les potes!

C'est comment ton petit nom?

Françoise!

J'vous présente Françoise. Non, on va faire un p'tit tour, on r'vient tout à l'heure. (. . .)

© Editions André Balland

Ce texte est—si l'on peut dire—"un dialogue à une voix."* La fille que le garçon essaie de draguer ne répond pas un mot et il doit continuer son "monologue" sans se décourager . . .

Notes

la drague (ou le ***dragage***)	le fait d'errer à la recherche d'une aventure amoureuse
une ambiance	atmosphère
on s'y fait	on s'y habitue
aller au radar	marcher mécaniquement comme si l'on se laissait guider par un radar
ton petit nom	ton prénom
un p'tit tour	une courte promenade

Questions

1. Que pensez-vous de la façon de parler du dragueur?

2. A en juger par son langage, quel doit être son niveau d'éducation?

3. A quel milieu social appartient-il probablement?

4. Quels peuvent être son âge et son métier? Justifiez vos réponses.

5. Rectifiez les structures et le vocabulaire pour que les phrases deviennent correctes.

    a. *On peut* vous offrir *quéqu'chose*?

    b. *I'm* semble que *j'vous* reconnais.

    c. *C'est pas* indiscret si *on* vous d'mande *c'que* vous faites?

    d. *Ouais, ouais!*

    e. Si *l'*patron *m'choppe* en train de *pioncer* . . .

    f. Vous êtes *vachement sympa.*

    g. *Vous trouvez pas* qu'*y* fait chaud?

    h. *C'est comment* ton *p'tit* nom?

6. Croyez-vous que le garçon en soit à sa première tentatie de dragage? Qu'est-ce qui vous le fait penser?

7. Le dragueur a-t-il une «technique» pour parvenir à ses fins? Etudiez la progression de ses questions et de ses remarques.

8. Quand il demande à la fille s'il peut la tutoyer, ne l'a-t-il pas déjà fait une fois? A quel moment?

9. Dans quelle mesure est-il sincère quand il dit que «c'est à la femme de décider»?

10. Comment imaginez-vous la fille? Comment expliquez-vous son silence?

11. Imaginez ce qu'elle aurait pu répondre à divers endroits du monologue du garçon.

12. Récrivez le sketch en dialogue.

13. Imaginez qu'après leur «p'tit tour» le garçon ne dise plus un mot et que ce soit la fille qui pose des tas de questions sans obtenir de

réponse. Ecrivez ce monologue à la manière du texte de Zouc. (Voir pages 30–31, La communication.)

14. «La parole est d'argent, mais le silence est d'or.» Ce proverbe est-il à conseiller dans la vie conjugale?

15. Reprenant ce proverbe, Hervé Bazin a écrit: «C'est la parole qui est d'or. Le silence est de plomb.» Pensez-vous que la plupart de vos camarades ont le goût et l'art de la conversation, ou se contentent-ils trop souvent de banalités et de mots passe-partout—super, génial, moche, con, débile, etc., etc.? Citez quelques mots d'argot américain qui reviennent ainsi sans cesse dans les propos des jeunes. Pourquoi s'en contentent-ils souvent?

16. Comparez le sketch de Zouc avec la B.D. de J. Faizant, «L'art du dragage» (page 87).

La mère super-dépassée
Sylvie Joly (texte de Henri Mitton)

Tu rentreras pour dîner?

Non? Peut-être pas . . . ? Hein, peut-être pas . . . ? Oui, oui, bien sûr, tu verras . . .

. . . Peut-être même que tu rentreras pas coucher, hein, c'est possible . . .

Oui, oui, bien sûr, ma chérie, tu sais pas encore, tu verras . . .

. . . Tu sors avec Jean-Loup, sûrement?

Ah non? . . . Ah non? Ah, excuse-moi, c'est Jonathan maintenant . . . ? Ah, je savais pas, excuse-moi . . .

Ah bon! . . . Ah bon! . . . Les parents de Jonathan sont en voyage et ils lui laissent l'appartement entièrement libre?

Oh . . . formidable!

Il organise une partie ce soir? Mais tu ne me l'avais pas dit! C'est chouette, ça, dis-moi! Ça va être vâchement sympa! . . . Non? Tu ne sais pas encore? . . . Tu verras? . . . Oui, oui, bien sûr, tu verras . . .

. . . Et . . . vous serez nombreux? . . . Combien? . . . Une dizaine? . . .

Nathalie et Sylvie sont invitées aussi, sûrement? Non? Ah non? Ah, bon? . . . Tu seras la seule fille?

Mais . . . mais . . . c'est chouette, ça, dis-moi! C'est drôlement flatteur pour toi! . . . Une seule fille pour dix garçons . . . Nathalie et Sylvie doivent être drôlement jalouses!

. . . Ah, y a vraiment pas de quoi? Ah bon? Ah bon? . . . Ah bon, moi je disais ça comme ça, ma chérie, excuse-moi . . .

. . . Vous allez sûrement danser . . . Du jazz? . . . Du pop! . . . Du be-bop! . . . Du . . . Ah non? Non . . . pas du tout!

. . . Et les garçons, là . . . Les copains de ton ami Jonathan, tu . . . tu les connais un peu? Non? Ah non? Bien sûr que non? Ah bon, ah bon . . . Ils reviennent de Katmandou! Oui, oui, oui, oui, bien sûr! Je comprends! Oui, alors, forcément, tu ne les connais pas, bien sûr! Tu vas faire leur connaissance, comme ça, décontractée . . .

Non, non, tu n'es pas décontractée? . . . Tu sais pas encore, tu verras . . .

. . . Tu penses peut-être que pour te sentir vraiment tout à fait détendue il faudrait peut-être que tu fumes un peu . . . Peut-être . . . Un peu de marijuana? . . . Tu sais pas? . . . Oui, oui, bien sûr, tu verras . . . Non? . . . Non? Ah non? Tu verras pas? . . . Ah . . . Excuse-moi, j'avais mal compris, ma chérie . . . Pourtant, je m'efforçais . . . D'accord, d'accord, je ne dis plus rien . . . Juste . . . juste un dernier mot, en copine, hein, en copine, de copine à copine . . ., Tu . . . tu n'oublieras pas de prendre ta pilule . . . Si? . . . Ah si? Ah bon . . . Ah non? Tu sais pas encore? Tu verras? Ah bon, très bien, d'accord, d'accord . . . Tu verras, on verra . . . On verra ce qu'on verra.

(Bruit d'une porte claquée, la mère est seule.)

. . . Ah bien, c'est ça, voilà! D'accord, on verra . . .

Oui, oui, c'est ça!

Papa et moi, voilà, c'est ça, on verra ce qu'on verra.

Texte de Henri Mitton, interpreté par Sylvie Joly et publié dans: *Ça va, ça va, faut le dire vite* © Editions Stock, 1979.

Notes

super-dépassée	complètement incapable de comprende les jeunes, ringarde
be-bop	période du jazz liée aux années 40 et dont les chefs de file furent Charlie Parker, Dizzy Gillespie, Kenny Clarke, Max Roach
Katmandou	capitale du Népal, 1500 mètres d'altitude, environ 500.000 habitants
ta pilule	ta pilule contraceptive

Questions

1. Où et à quel moment de la journée la scène se passe-t-elle?
2. Combien de personnes sont présentes et qui sont-elles? Qui parle?
3. Quelles sont les principales choses que la mère souhaiterait connaître?
4. Substituez les deux formes interrogatives de français standard à la forme familière dans chacune des questions suivantes (voir pages 2–3).

   a. *Tu rentreras* pour diner?

   b. *Tu sors* avec Jean-Loup?

   c. *Les parents de Jonathan sont* en voyage?

   d. *Vous serez* nombreux?

   e. *Tu connais* tous les garçons qui seront là?

   f. *Nathalie et Sophie sont invitées* aussi?

g. *Tu fumeras* un peu de marijuana?

h. *Vous allez danser?*

i. *Tu feras* la connaissance de tous les garçons?

5. Imaginez les réponses probables de la fille aux questions de sa mère.

6. Pourquoi, selon vous, la mère pose-t-elle tant de questions? Quels sentiments éprouve-t-elle au moment du départ de sa fille?

7. Quelles doivent être les réactions de la fille devant cet interrogatoire?

8. Comment imaginez-vous la fille? Quel âge doit-elle avoir? Que fait-elle?

9. Pourquoi considère-t-elle sa mère comme super-dépassée? Qu'entend-elle par là?

10. Relevez les mots et les locuations indiquant que la mère s'excuse de poser des questions.

11. Relevez les mots et locutions argotiques qu'elle essaie d'employer pour paraître plus jeune et moins «dépassée»?

12. Qu'est-ce qui fait le comique de ce sketch? Les réactions des enfants et celles de leurs parents seront-elles les mêmes en voyant le sketch joué sur une scène?

13. Comparez ces deux jugements écrits à plus d'un siècle d'intervalle:

    «La mère qui laisse voir toute sa tendresse à ses enfants crée en eux l'ingratitude.» (Honoré de Balzac, 1799–1850)

    «Les parents d'aujourd'hui veulent être aimés de leurs enfants. Cette erreur les entraîne à toutes sortes de faiblesses et de facilités.» (Jean Dutourd, 1920–   )

14. Trouvez-vous normal—et même souhaitable—que les parents disent nettement «Non» à leurs enfants dans certaines circonstances? Lesquelles, par exemple?

Roman

Il n'y a que l'embarras du choix pour trouver des romans contemporains où la langue familière/argotique tient une place plus ou moins importante. Nous avons donc retenu un certain nombre de passages qui montrent bien le rôle que joue le style relâché, en particulier quand on fait parler les personnages. Mais nous avons écarté les auteurs pour qui l'argot devient le mode d'expression fondamental et qui emploient délibérément, en raison des sujets qu'ils traitent, la «langue verte». Notre propos est tout autre, et il convient de nous en tenir au genre de langage «non académique» que les étrangers peuvent entendre dans la vie quotidienne, à dose plus ou moins importante, mais néanmoins limitée.

«Le travail, ça m'épouvante . . . »
René Fallet

Adrien Camadule, brocanteur à ses moments perdus, est surtout un fidèle habitué du Café du Pauvre et un fervent de la pêche à la ligne. Un jour, alors qu'il essaie de tirer quelques goujons de la Marne polluée, il voit venir vers lui un jeune garçon qui tient en laisse un attelage de dix chiens.

— Comment qu'on t'appelle?

— Poulouc.

— Moi, c'est Camadule. Adrien Camadule. Dis donc, môme, c'est quand même pas à toi, tous ces cabots?

Le jeune Poulouc rit:

— Ah! non! C'est mes pensionnaires. Leurs maîtres travaillent, ils me les reprennent le soir. Les «baby-sitters», c'est ceux qui gardent les niards. Moi, je suis «dog-sitter». C'est moins sale que les lardons.

Camadule se montra intéressé par cette position sociale:

— Et ça te rapporte quoi, ton armée?

— Mille anciens francs par jour par tête de pipe. Sauf le week-end, où ils sont chez eux. A cinq jours ouvrables, ça fait du deux cents tickets par mois. Avec ça, je suis peinard. C'est pas le plus important, d'être peinard?

— Y a que ça d'important! approuva Camadule avec chaleur.

Il regarda plus longuement le nommé Poulouc:

— T'as déjà compris ça, toi?

— J'ai pas de mérite. Une fois, j'ai bossé quinze jours en usine. Ca m'a guéri radical du boulot, amputé des deux bras.

— Évidemment, approuva derechef Camadule, quinze jours, ça marque un homme pour la vie. Moi aussi, j'ai essayé, quand j'étais jeune. J'ai pas duré plus longtemps que toi. Comme faut pas jouer avec la santé, je me suis mis dans la brocante. Mais rapproche-toi! Qu'est-ce que tu fous si loin!

Poulouc s'installa plus près du pêcheur.

— Question cosse, fit-il, je me suis vite aperçu que j'étais doué. Seulement, hein, les dons, faut pas les gaspiller. «Le travail, c'est pas que ça me fait peur, ça m'épouvante», que je me suis juré une fois pour toutes. Alors, au lieu d'écouter Halliday comme les copains, je me suis penché sur le problème. Les chiens, c'est une combine. Quand elle m'ira plus, j'en trouverai une autre, une autre encore, et ainsi de suite.

Cette profession de foi, la seule qu'entendait exercer le jeune doctrinaire, retourna Camadule. Plus encore au moral qu'autrement, il eût pu être son père. Il le considéra avec affection:

— Sûr que t'as raison, fils! J'ai jamais fait autre chose que de rien faire. C'est du boulot, crois-moi.

Extrait de Le beaujolais nouveau est arrivé © Editions Denoël

Notes

la langue verte	langue que parlent entre eux les marginaux et les déliquants de toute sorte
un brocanteur	personne qui vend des objets anciens à bas prix
des goujons	petits poissons très communs vivant dans les eaux douces
la Marne	rivière de France qui prend sa source sur le plateau de Langres, non loin de Chaumont, et se jette dans la Seine à Charenton, près de Paris
un attelage	plusieurs animaux attachés ensemble à l'aide de harnais
radical	radicalement, de façon définitive
ça marque un homme	ça laisse des traces ineffaçables (moralement et physiquement)
la brocante	commerce des brocanteurs
question cosse	en ce qui concerne la paresse
gaspiller	dépenser inutilement/sottement
cette profession de foi	cette déclaration publique de ses opinions

Questions

1. Quelles sont les principales occupations de Camadule?
2. Qu'est-ce que Camadule est en train de faire quand Poulouc apparaît?
3. Qu'est-ce qu'un «petit boulot»? Donnez des exemples.
4. Quelle «combine» Poulouc a-t-il inventée?
5. Combien de chiens promène-t-il à la fois? Est-ce facile? Que peut-il arriver?
6. Que pense Poulouc des chiens par comparaison avec les très jeunes enfants?
7. Pourquoi Poulouc a-t-il décidé de faire ce petit boulot?
8. Combien cela lui rapporte-t-il?

9. Qu'est-ce qui a dégoûté Camadule d'un boulot à temps plein?

10. Remplacez les mots d'argot en italique par leurs équivalents en français standard (voir *L'activité professionelle*, pages 26–27, et *La santé*, pages 28–29).

   Moi, j'aime mieux m'occuper de *chiens* que de *jeunes enfants*. Il sont moins *embêtants* que les *gosses* et ils me rapportent plus *d'argent*. Grâce à cette *idée ingénieuse*, *je suis tranquille* et ne suis jamais *fatigué*. C'est *merveilleux*!

11. Comparez ces deux réflexions avec la conclusion de Camadule (trois dernières lignes).

   «J'ai tellement besoin de temps pour ne rien faire qu'il ne m'en reste plus assez pour travailler.» (Pierre Reverdy, poète)

   «Quand on ne travaillera plus le lendemain des jours de repos, un grand pas aura été fait dans la civilisation des loisirs.» (Pierre Dac)

12. Plus sérieusement, commentez cette pensée de Voltaire: «Le trevail éloigne de nous trois grands maux: l'ennui, le vice et le besoin.»

Départ en vacances
Christiane Rochefort

L'usine vient de fermer et le temps des vacances est arrivé. La famille décide d'aller passer quelque temps dans un hôtel à la campagne, en étrennant la vieille voiture d'occasion que le père vient d'acheter. Pendant le voyage, l'aîné des cinq enfants, Patrick, critique insolemment la façon de conduire de son père. Celui-ci, furieux, lui ordonne de descendre et fait mine de l'abandonner sur la route. Quelques minutes plus tard, il fait demi-tour pour venir reprendre son fils là où il l'a laissé. Mais Patrick a disparu.

Patrick n'était plus où on l'avait laissé. Plantés de part et d'autre de la route, le père et la mère observaient l'environ. Rien. L'angoisse s'établit . . . Le père décida de prévenir les gendarmes et de continuer. Tout le monde s'intéressait à Patrick, «le Petit Disparu» . . .

On le rencontra plus loin à un croisement, assis sur un parapet de pont, et mangeant des pommes.

«Ben vous allez pas vite, nous dit-il avec mépris quand on s'arrêta à sa hauteur. Ça fait bien une heure que je vous attends.

— Ben où que t'as passé? dit le père complètement sur le cul.

— Je vous ai doublés, dit Patrick. C'était pas difficile. Et ça l'aurait été encore moins si t'avais pas roulé en plein sur le milieu de la route. J'allais repartir, je commençais en avoir marre.

— Non mais tu te fous de notre gueule? éclata le père. Je vais te relaisser là, moi!

— Maurice . . . supplia la mère. Allez, monte, dit-elle à Patrick, en descendant avec sa Chantal en toute hâte pour le lui permettre. Dépêche-toi, ton père a déjà perdu assez de temps avec toi.»

Patrick monta dignement, regardant tout avec dédain.

«J'étais dans une Cadillac, dit-il au bout d'un moment, bien que personne lui ait rien demandé. Ça c'est de la suspension, ajouta-t-il après un passage de pavés.

«Et les vitesses peuvent pas grincer même avec la dernière des cloches, fit-il remarquer comme le père passait en troisième, vu qu'elles sont automatiques.

— Pourquoi tu y es pas resté? dis-je, en ayant marre. Pourquoi t'es revenu avec des minables comme nous, pourquoi t'y es pas resté dans ta Cadillac?» Patrick négligea l'interruption et continua sur les boutons du tableau de bord.

«Pourquoi tu y es pas resté, pourquoi tu y es pas resté, se mirent à chanter les jumeaux, couvrant sa voix.

— Oh! bouclez-la, dit le père qui cherchait ses lumières car la nuit tombait, on n'y voit rien.

— Dans la Cadillac, dit Patrick, les phares s'allument automatiquement quand le jour baisse.

— La ferme, dit le père, avec ta Cadillac.

— Patrick nous les casse, dirent les jumeaux, Patrick nous les casse.

— Allez-vous vous taire! dit la mère. Ah! ces gosses!

— Dire qu'il faut traîner ça! soupira le père accablé.

— Pourquoi que tu nous as faits?» dit parmi les soupirs la petite voix de Nicolas, supposé endormi.

Ils ne répondirent pas. On entendit des gloussements. C'était nous, pour un instant unis dans une douce rigolade. On avait tout de même quelque chose en commun. Les parents.

Il se mit à pleuvoir et on creva. Le père nota qu'on avait assez de pot, c'était le premier pépin, un pépin en quelque sorte normal et courant, dit-il en faisant marcher le cric, sous la flotte. Patrick tenait la lampe.

«Dans la Cadillac, dirent les jumeaux, quand un pneu crève, un autre pneu vient se mettre à la place tout seul.»

Néanmoins, Patrick resta avec nous. La nuit, il n'avait jamais été très fortiche.

On arriva. On réveilla l'hôtel. Le patron avait donné une des chambres, ne nous voyant pas arriver, en saison on ne peut pas garder des chambres vides. On s'installa dans deux, en attendant un départ. Le lendemain, les vacances commencèrent.

Extrait de *Les petits enfants du siècle* © Editions Bernard Grasset

Notes

doubler (une voiture)	accélérer afin de la dépasser
avec sa Chantal	avec sa fille Chantal
ça c'est de la suspension	ça, c'est une voiture avec une très bonne suspension
grincer	faire un bruit métallique aigu et désagréable
Patrick . . . continua sur les boutons de tableau de bord	Patrick . . . continua à discourir/à s'extasier sur les boutons du tableau de bord
des gloussements	(1) cris de la poule; (2) petits cris et rires d'enfants
crever	avoir un pneu à plat
le cric	appareil parmettant de soulever un peu la voiture

Questions

1. Pourquoi le père a-t-il fait descendre Patrick de la voiture?
2. Quelles sont les personnes qui restent dans la voiture?
3. Pourquoi ne retrouve-t-on pas Patrick là où l'avait laissé?
4. Quel genre d'auto-stop a-t-il fait?
5. Quelles comparaisons désagréables fait-il entre la Cadillac et la voiture de son père?
6. Comment se comportent les autres membres de la famille?
7. Quelle question «philosophique» le petit Nicolas pose-t-il?
8. «On a tout de même quelque chose en commun. Les parents.» Commentez cette réflexion réconfortante de la part des enfants.
9. Quel incident se passe-t-il juste avant la fin du voyage?
10. Décrivez l'arrivée tardive de la famille à l'hôtel.
11. Transposez en français standard les phrases suivantes.

    J'en ai *marre*, Patrick! Descends de la *bagnole* . . . Et vous, les jumeaux, *bouclez-la*!

12. Reportez-vous aux pages 35–36 (Déplacements, transports, voyages) et transposez en français argotique les locutions et les mots en italique.

    Dépêche-toi, Papa! *Accélère!* On est *très en retard.* Cette *voiture* va moins vite qu'une *mobylette.* Mais, *fais attention!* Il y a un *gendarme motocycliste* derrière nous. Si tu fais une faute, il va te coller une *contravention.*

13. Prenez-vous vos vacances avec vos parents? Aimez-vous cela? Pourquoi? Ou pourquoi pas?

14. Quelles seraient pour vous des vacances idéales? Mais ce rêve est-il réalisable?

15. Le père aurait-il été bien inspiré de songer, en s'endormant, à ces deux réflexions?

«Les mauvaises voitures d'occasion ne se vendent bien que si j'en suis l'acquéreur.» (Pierre Daninos)

«Heureux les parents qui n'ont pas d'enfants!» (Jugement d'un écolier dans un de ses devoirs)

Confidences à un magnétophone
Henri-François Rey

Un écrivain de cinquante ans voit un jour arriver chez lui un garçon de quinze ans, totalement inconnu, Jérôme. C'est son fils—comme le lui apprend une lettre de la mère, nommée Mercédès, avec qui l'écrivain a eu, seize ans auparavant, une liaison de quelques mois et qui, après son départ, n'a plus jamais donné de ses nouvelles. Elle vit maintenant, depuis plusieurs années, avec un brave homme plutôt fruste, Joseph, qui exerce le métier de potier. Mercédès, trouvant que l'enfant devient de plus en plus insupportable, pense qu'il serait bon qu'il rencontre enfin son père et qu'il vive un peu avec lui. Jérôme et l'écrivain essaient de se découvrir et de se comprendre. Au bout de quelque temps, Jérôme a l'idée d'enregistrer sur son magnétophone, à l'intention de son père, ce qu'il a du mal à lui raconter directement.

Arrêt de la bobine. Je prends quelques notes. Des repères. Je remets une bande sur le magnéto.

(. . .) «Et, en plus, j'arrive à voir à travers les gens. Je sais ce qu'ils pensent au moment où je le pensent. Par exemple quand je suis avec ma mère et Joseph. Et surtout le dimanche. C'est toujours la même cérémonie. La recherche d'un petit restaurant où, comme ils disent, «on bouffe bien». Alors, on fait des kilomètres en bagnole pour se retrouver autour d'une table. Et ça recommence comme devant la télévision, ma mère et Joseph. Ils se parlent et ils s'engueulent parce qu'il faut choisir les plats qu'il faut bouffer. Moi, je dis que je n'ai pas faim. Ça fait de la peine à Joseph qui est un brave type, mais ma mère se met en colère. Elle dit que je lui gâche son plaisir. Alors je choisis n'importe quoi, je mange n'importe quoi, avec dégoût et l'envie de vomir.

«Pendant que tous les deux, devant moi, ils bouffent, mais cette fois sans rien dire. Ils bouffent et ils boivent et moi, je pense à l'esprit qui ne mangerait pas et ne boirait jamais. Qui n'aurait pas besoin de tous ces trucs pour vivre, qui inventerait et imaginerait sans cesse. Quelquefois, je rigole tout seul et ma mère me regarde sans comprendre, vexée. C'est à ce moment-là qu'elle dit: «Cet enfant est aussi cinglé que son père. Ça promet!» Elle dit toujours ça: «Ça promet.»

(. . .)

Fin de la bobine.

Je sors et le soleil donne son grand spectacle quotidien avant de se coucher. Jérôme monte le sentier qui vient du ruisseau.

– Tu as écouté? dit-il à son père.

– Comme tous les jours.

– Je déconne, non?

– Non. C'est bien ainsi.

Jérôme sourit. Il entre dans la maison. Quelques secondes plus tard, le silence est fracassé par les Moody Blues.

Extrait de Le Barbare © Editions Robert Laffont

Notes

insupportable	désagréable, d'un caractère difficile
fruste	sans grand culture, peu raffiné
un potier	celui qui fabrique des poteries, des objets en céramique
la bobine	petit cylindre autour duquel s'enroule le ruban de l'enregistrement
gâcher qqch	détériorer, détruire la qualité de qqch
vomir	rejeter la nourriture par la bouche
Ça promet!	Ce sera encore pire dans l'avenir!
fracassé	brisé, rompu violemment

Questions

1. Qui l'écrivain voit-il un jour arriver chez lui?

2. Qui est ce garçon et chez qui vivait-il jusque là?

3. Qui est Joseph? Quel est son métier? Quel genre d'homme est-ce?

4. Remplacez les mots en italique par des termes argotiques (voir La nourriture, pages 18–19).

   Cessons de nous *disputer* et de *dire des bêtises.* On va prendre la *voiture* et l'on ira *manger* dans un *restaurant sensationnel.* J'ai faim. J'ai envie de faire un *repas copieux.* Tant pis si j'ai *la bouche empâtée* demain matin.

5. Pourquoi la mère a-t-elle envoyé Jérôme chez son père?

6. L'écrivain est-il surpris? Comment accueille-t-il ce fils inconnu?

7. Qu'invente Jérôme pour essayer de mieux communiquer avec son père?

8. Que raconte-t-il dans l'enregistrement qu'il a fait ce jour-là?

9. Quels aspects du caractère de Jérôme appraissent dans ce court enregistrement?

10. «Je pense *à l'esprit* qui ne mangerait pas et ne boirait jamais.» Précisez ce que Jérôme veut dire par cette phrase et la suivante.

11. Quels sont les sentiments de la mère vis-à-vis de son fils et de l'écrivain?

12. Quelle question Jérôme pose-t-il à son père lorsqu'il le rencontre? Quelle réponse reçoit-il?

13. Quelle suite les trois dernières lignes de l'extrait laissent-elles espérer?

14. Pensez-vous qu'après une dispute il serait bon d'enregistrer ses réactions dans le calme (1) pour se juger soi-même, (2) pour faire écouter à «l'autre» ce que l'on s'est dit et l'aider à mieux vous comprendre?

15. «Les enfants commencent par aimer leurs parents. Devenus grands, ils les jugent. Quelquefois ils leur pardonnent.» (Oscar Wilde) Est-ce dans cet ordre que les sentiments de Jérôme vis-à-vis de sa mère et de son père évolueront sans doute? Justifiez votre réponse.

16. À quelles questions concernant sa mère incompréhensive et son père mal connu Jérôme doit-il trouver des réponses pour pouvoir «juger» et choisir?

Fils de flic
Georges Coulonges

Joëlle Mazart, assistante sociale de vingt-deux ans, est nommée dans un lycée. C'est son premier poste. Son rôle est d'aider les élèves à résoudre leurs problèmes et de faciliter leur insertion dans la société. Sympathique, elle est bien acceptée par les lycéens, qui la surnomment Pause-Café—en souvenir du café qu'elle a offert, le premier jour, à quelques-uns d'entre eux. Peu à peu la confiance se développe et les élèves ayant des difficultés, familiales notamment, n'hésitent plus à lui demander conseil. Un jour, un élève qu'elle n'a jamais vu vient la trouver dans son bureau.

    – Je vous dérange?
    – Pas du tout! a fait Pause-Café avec un air largement disponible.
Il s'appelle Frédéric.
C'est ce qu'il a réussi à dire.
Après avoir beaucoup hésité.
Il a ajouté: Martin. Frédéric Martin.
    Joëlle n'insistait pas: tant qu'il n'y a pas de démarche à faire, l'identité c'est pas capital.
    – Je suis venu mais c'était pas la peine! Personne ne peut rien pour moi,
    – On peut toujours quelque chose.
    – Non. Pas là.
    – Parle. On verra bien.
Il ne parle pas.
Il est doux. Malheureux, bien sûr. Intelligent sûrement.
Mais pas bavard.
C'est pas le genre frimeur du coin.
Tout d'un coup, il devient pâle. Il ferme les yeux. Il les ouvre et il regarde plus rien. Plus personne. Il dit:
    – Vous avez un père?

Joëlle a compris. Au contraire, elle le regarde. Simple.

– Oui.

La suite est encore plus difficile.

– Vous l'aimez?

– . . . Oui.

Frédéric baisse la tête. Pour ne plus la relever:

– Voilà. Je vous ai tout dit.

Joëlle ne sait pas trop où s'aventurer. On est sur un terrain difficile. Et puis . . . s'aventurer pour aller où?

– Tu n'aimes pas ton père?

Il a toujours sa tête en bas. Il regarde ses chaussettes.

– Personne ne l'aime. Pourquoi je l'aimerais?

Si personne ne l'aime c'est qu'il est en contact avec les gens. L'image du Petit Chef apparaît devant Joëlle.

– Qu'est-ce qu'il fait dans la vie?

Le garçon lève les épaules avec pitié. Il a au fond de lui une lourde colère:

– Flic! . . . Un flic!

– Il faudrait que tu lui parles.

– Il m'écoute pas.

– Et lui, il te parle?

– Quand il me parle c'est pour m'engueuler.

– Pourquoi il t'engueule?

– Parce que je travaille mal.

– Pourquoi tu travailles mal?

– Parce qu'il m'engueule.

Joëlle se dandine un peu:

– Tu voudrais que j'aille le voir?

Enfin, il relève la tête. D'un coup. C'est plus que de la violence. C'est comme un reproche. Pour l'idée. Une peur:

– Oh! Non! Non!

Joëlle pense à la psycho. Au cours de Mme Fontaine: il y a des *non* qui veulent dire *oui.* C'est comme en amour, dirait Julien.

Oui. Comme en amour.

– Je vous l'avais dit: on ne peut rien pour moi.

Il se lève.

Il s'en va.

Elle le rejoint.

– Tu reviendras?

En descendant l'escalier, il a répondu: oui.

Il reviendra.

Elle n'en est pas sûre.

Quelque temps plus tard, Joëlle découvre que Frédéric ne s'appelle pas Martin. C'est le nom d'un de ses camarades, qu'il a emprunté pour cacher sa véritable identité. En réalité, il est le fils du Proviseur, un homme autoritaire, plus soucieux de réprimer tout écart de conduite que de comprendre les élèves. Il agit de la même façon avec son fils, qui souffre de cette attitude et aussi de la méfiance de ses cama-

rades. Il est un peu considéré comme le fils du «flic» chargé du maintien de l'ordre. Joëlle, furieuse d'avoir été jouée, essaie de trouver le garçon, qu'elle n'a jamais revu et qui fait tout pour l'éviter.

Elle était tellement en pétard que l'après-midi, dès qu'elle a entendu sonner la récré, elle est allée se planter dans la cour. Sans avoir l'air de rien (c'est-à-dire: en ayant l'air de chercher quelqu'un), elle zyeutait à droite, à gauche. Lorgnant les groupes. Le parking. Le coin du hand. Le couloir derrière le labo. Elle a vu le vrai Frédéric Martin. Elle a eu envie de lui demander si par hasard il voyait pas qui aurait pu monter cette blague. Parmi ses copains. Mais comme lui, en la voyant, a eu l'air de se marrer un brin, elle lui a rien demandé du tout. Elle est montée à l'étage pour voir s'il restait pas du monde. S'il y avait pas des bûcheurs. Ou des planqués. Ou des planqués qui faisaient semblant de bûcher.

Elle allait finir par croire qu'il avait pas cours aujourd'hui son Martin fils de flic quand, en arrivant au bas de l'escalier, elle l'a aperçu qui se tirait et ça c'est sûr: il se tirait parce qu'il l'avait vu arriver. Alors, comme elle avait pas l'intention de se laisser distancer, elle a foncé de toute sa colère et elle a crié:

– Frédéric!

. . . Si fort que le délinquant s'est arrêté net. Tout rouge et prêt pour la catastrophe.

– Tu t'es bien foutu de moi, hein?

L'autre, il était atterré de s'être fait piquer. Et toujours malheureux. Toujours impassible dans son malheur.

Il a juste répondu:

– Non.

Elle, ça l'a braquée.

Lui, ça l'embêtait qu'elle hausse le ton.

Il avait peur que les copains entendent.

Il regardait partout autour de lui. Avec une crainte voyante et des sentiments éperdus.

– Comment non? Tu me prends pour une pomme? J'y suis allée, moi, chez les Martin. Ils sont pas bloqués du tout, les Martin!

C'est comme ça quand vous êtes dans le malheur: il y a toujours un moment où quand même vous avez envie de rire. Frédéric, il pouvait pas rire: à cause des copains qui gravitaient autour et puis aussi à cause de la situation qui n'était pas à son avantage. Tout de même, sur les lèvres, il a eu un petit quelque chose qui allait dans le sens du drolatique.

Ça te fait rire!

– J'aurais voulu être là!

Il a mis sa main devant sa bouche. Pour retenir ses lèvres. En garçon bien élevé. Tout de suite, l'amusement s'est éteint.

C'est sa tristesse éternelle qui l'a remplacé.

– Vous aviez promis de ne pas aller voir mon père. C'est bien fait pour vous. On ne peut avoir confiance en personne.

Il était plus nostalgique que jamais.

– Non mais! tu vas pas m'engueuler! a fait Joëlle qui en avait toujours lourd sur les Martin.

Frédéric a dit:

– Je n'ai pas menti . . . Tout ce que j'ai dit est vrai . . . Il n'y a que Martin qui n'est pas vrai.

Extrait de *Pause-Café* © 1981 Librairie Arthème Fayard

Notes

frimeur	bluffeur, vantard, qui se donne de grands airs
se planter	se tenir debout et immobile
lorgnant	regardant du coin de l'œil
cette blague	cette histoire imaginée à laquelle on essaie de faire croire
des planqués	des élèves qui se cachent pour être tranquilles
atterré	très ennuyé, très malheureux
ça l'a braquée	ça l'a provoquée, ça l'a rendue agressive
hausser le ton	parler fort
éperdus	intenses, très violents
Joëlle en avait toujours lourd sur les Martin	Joëlle n'avait toujours pas «digéré» (accepté) l'histoire des Martin (J'en ai lourd sur l'estomac de cette histoire—Ella m'est restée sur l'estomac.)

Questions

1. Remplacez les mots en italique par leurs équivalents en français argotique.

   Le proviseur est pire qu'un *agent de police*. Pendant la *récréation*, il est là *à regarder* à droite et à gauche. À la moindre *bêtise*, il se met *en colère* et nous *réprimande* comme si nous étions des *enfants* de dix ans.

2. Qui est Joëlle Mazart? Quel est son travail au lycée?

3. Quel âge a-t-elle? A-t-elle déjà une certaine expérience dans son métier?

4. Que répond Frédéric quand Joëlle lui demande ce que fait son père?

5. Frédéric a-t-il honte de son père, ou plutôt du métier de son père? Pourquoi?

6. Quel est le véritable métier du père de Frédéric? Pourquoi le garçon le considère-t-il comme un flic?

7. Est-ce surtout le caractère de son père ou l'opinion de ses copains sur son père et sur lui-même qui tourmente Frédéric? Cherchez dans le texte deux allusions aux «copains».

8. Comprenez-vous le «jeu» auquel s'est livré Frédéric en se faisant passer pour un autre?

9. «On ne peut avoir confiance en personne», dit-il. Mais est-il lui-même un garçon droit et franc? Comment le jugez-vous?

10. Quels reproches Frédéric et Joëlle s'adressent-ils l'un à l'autre? La rencontre du garçon et de la conseillère aura-t-elle été utile ou non?

11. À qui demandez-vous conseil quand vous avez «un problème» sérieux?

12. Analysez ces deux «pensées» dues à des écrivains du siècle dernier.

«Avant de donner un conseil, il faut l'avoir fait désirer.» (Amiel, *Journal intime*, 1883)

«Les enfants ont plus besoin de modèles que de conseils.» (Joseph Joubert, *Carnets*, 1842)

Entrer dans le «système» ou non?
Marie Cardinal

Marie vit à Paris avec ses trois enfants—Grégoire, Charlotte et Dorothé, âgés de dix-huit, seize et quatorze ans. La clé de l'appartement reste en permanence sur la porte et ils peuvent inviter en toute liberté leurs amis. C'est une expérience de vie communautaire que la mère elle-même a voulu honnêtement tenter. Au retour d'un voyage d'une quinzaine de jours, Marie retrouve l'appartement passablement transformé, selon les goûts des jeunes. Mais elle va bientôt faire une autre découverte.

Le lendemain de mon retour je me suis rendu compte qu'une partie de la vieille argenterie qui était dans le salon avait disparu. Il y avait un gros samovar, des cafetières, théières, etc.

«Où est passée l'argenterie du salon?

— Eh bien y a des mecs d'Avignon qui sont arrivés un soir de la part d'une amie de Grégoire. Ils ont demandé s'ils pouvaient coucher là. Ils ont dîné, dormi, le lendemain ils étaient partis avec l'argenterie.

— Et vous n'avez rien fait pour les retrouver?

— On les a vus à la manif le jour de l'assassinat de Pierre Overney, dit Charlotte. Quand ils m'ont aperçue ils ont filé.

— Et c'est tout?

— Oui.

— Je vais leur mettre les flics au cul.

— Tu dis toujours que tu te moques des objets, qu'il ne faut pas s'attacher aux choses.

— Ce n'est pas parce qu'ils m'ont volée que je suis furieuse, c'est parce qu'ils se sont foutus de ma gueule. Ils mangent, ils dorment et ils emportent l'argenterie. Je vous l'ai déjà dit, il ne faut pas me confondre avec l'Armée du salut ou avec un bureau de bienfaisance.

Sur ce, je pars au bureau en vitesse, je suis déjà en retard. Je n'y suis pas arrivée depuis une heure que Grégoire m'appelle au téléphone.

«Il ne faut pas déclarer ce vol à la police.

— Je te demande bien pardon mais je le ferai.

— Je te supplie de ne pas le faire.

— Pourquoi?

— Ça ferait des histoires à la fille, son père est maire du patelin. C'est un petit patelin, tu te rends pas compte.

— Je m'en fous.

— Maman, ne le fais pas.»

Et de l'autre côté j'entends Grégoire qui pleure. Ça alors! Grégoire pleurer?

«Mais qu'est-ce qui te prend? Qu'est-ce que tu as fait? Pourquoi pleures-tu?

— Pas les flics maman, je t'en prie, pas les flics, c'est des salauds, ils sont dégueulasses avec les jeunes.

— Tu as quelque chose à cacher, ce n'est pas possible.

— Rien, absolument rien. Mais enfin tu es folle! Tu vois les flics à la maison? Tu te rends compte! Ils vont venir à la maison, ils vont nous voir tous. Ils ne vont pas comprendre. Ça sera encore plus terrible pour toi. Il ne faut pas entrer dans leur système. »

J'enrage littéralement. Grégoire a raison et, une fois de plus, je suis écartelée. Ne pas entrer dans le système et pourtant y vivre. Il n'y a qu'une solution politique à ce problème. Il n'y a que la révolution. Et ils ne la font pas.

Je voudrais les secouer comme des pruniers. Je leur en veux d'être obligée, pour les élever, de me compromettre. Que je gagne ma croûte dans le système ne les dérange pas. Que j'appelle les flics les bouleverse. Ça ne va pas. Une fois de plus je vais les obliger à définir la société dans laquelle ils veulent vivre.

Je crois qu'ils ne sont que des bourgeois qui n'acceptent pas la forme bourgeoise. La forme seulement.

Extrait de La Clé sur la porte © Editions Bernard Grasset

Notes

le système	ensemble de pratiques et de règles économiques, politiques et morales que les marginaux refusent d'accepter
René-Pierre Overney	militant gauchiste assassiné au cours d'une manifestation
Je vais leur mettre les flics au cul.	Je vais les faire poursuivre par la police.
tu te moques des objets	tu n'attaches pas d'importance/de prix aux objets
un bureau de bienfaissance	un bureau d'aide sociale
j'enrage	je suis furieuse
écartelée	tirée dans des sens contraires
secouer comme des pruniers	secouer très vigoureusement

Questionnaire

1. Quel âge ont les enfants de Marie Cardinal?

2. Quelle expérience a-t-elle tentée pour faire plaisir à ses enfants?

3. Que constate-t-elle à son retour d'un voyage?

4. Quelle explication Grégoire donne-t-il de la disparition de l'argenterie?

5. Marie accepte-t-elle ce que les visiteurs ont fait?

6. Qu'a-t-elle l'intention de faire?

7. Grégoire est-il du même avis? Pourquoi ne veut-il pas que la police soit prévenue du vol?

8. «Il ne faut pas entrer dans leur système.» Qu'est-ce que Grégoire veut dire par là?

9. La mère capitule-t-elle devant son fils? Pourquoi?

10. Quelle contradiction y a-t-il dans cette phrase: «Il ne faut pas entrer dans le système, mais pourtant il faut accepter d'y vivre»?

11. Que pense Marie de l'attitude de ses enfants? Que leur reproche-t-elle?

12. Remplacez les mots en italique par leurs équivalents en français standard.

    «Tu imagines des *flics* chez nous? Ils vont *se foutre de notre gueule* et de *notre foutoir*. Ce sont des *mecs dégueulasses* et complètement *cons*. Ils vont fourrer leur *blair* dans tous les coins. S'ils trouvent de la *cam* dans ma *piaule* demain je serai en *taule*. Alors, *bouclons-la!*»

13. Commentez les deux citations suivantes.

    «La maladie des adolescents est de ne pas savoir ce qu'ils veulent et de le vouloir cependant à tout prix.» (Philippe Sollers, *Le Défi*)

«Le laxisme: la peste de nos sociétés libérales. La tendance à tout lâcher dans la mollesse baveuse de la conciliation à tout prix.» (Paul Guth, *Lettres à votre fils qui en a ras le bol*)

Le complexe de l'échec
Marie Cardinal

Bertrand Dalton a dix-huit ans. Il est grand, fort, mais sale et débraillé. Il lui arrive assez souvent de se droguer, ce qui lui donne un air fatigué, déprimé. Il est parti de chez lui, parce que ses parents ne veulent pas qu'il se consacre au dessin, comme il souhaiterait le faire. Marie, qui croit à son talent, apprend qu'une équipe, qui fait des films d'animation, cherche un dessinateur. Elle téléphone à Bertrand pour l'en avertir.

Bertrand est arrivé à la maison quelques heures après, très exalté.
«Tu m'as trouvé du boulot?
– Peut-être. Il faut que tu téléphones.»
Il téléphone, on lui donne un rendez-vous pour le lendemain. Bertrand transformé.
«Coupe-moi les cheveux.
Je ne sais pas.
Tu coupes bien les cheveux de Grégoire.
– C'est pas pareil, il a les cheveux frisés. Je lui coupe les cheveux depuis qu'il est petit. Toi, tu as les cheveux raides. Pourquoi tu veux te couper les cheveux?
– Ils vont me trouver trop fricky.
– Penses-tu. C'est tous des gars qui dessinent, ils sont jeunes.
– J'ai envie de me couper les cheveux. Ah si je pouvais travailler ça serait formidable. Je peux pas vivre avec mes parents. Ils sont trop débiles, ils me tuent.»
Il s'en va excité, énervé, heureux. Il revient une heure après, les cheveux propres, bien coupés mi-longs, habillé comme un prince, rayonnant. On en reste tous bouche bée.
«Dis donc Bertrand où t'as trouvé ces sapes? T'es beau comme tout.
– J'me sens bien, j'me sens bien. Si tu m'as trouvé du travail c'est formidable. Mes parents ils sont gentils tu vois mais je peux pas vivre avec eux.»
(. . .)
Le jour de son rendez-vous avec son employeur éventuel, Bertrand est là dès l'aurore, sur son trente et un. Sans crasse, sans haillons, il est vraiment beau.
«Je trouve que tu n'es pas assez fricky.
– Tu trouves. Tu crois qu'ils vont pas me foutre à la porte si je mets mes bottes?»
Il a des bottes incroyables faites de morceaux de cuir de toutes les couleurs.
«Elles sont marrantes tes bottes, je suis sûre qu'ils les trouveront marrantes.

– Alors je vais les mettre parce que ces pompes-là me font un mal aux pieds terrible. Elles sont chez Jean-François.»

Il revient sans les bottes et avec un grand dossier sous le bras.

«Je les ai pas mises. Le premier jour j'aime mieux être super-débile tu vois. Après, je verrai. Regarde les dessins que je leur apporte, dis-moi si c'est pas trop débile.»

Heureusement que le mot «débile» existe, sinon je me demande comment il s'exprimerait.

Ses dessins sont très bons. Il les a bien choisis, on se rend compte parfaitement des différents sens où il peut travailler.

«Je trouve tout ça très bien.

– Tu es sûre? Parce que tu sais si j'ai pas ce boulot j'me flingue.

– Flingue-toi. Ça fera un débile de moins. Moi je ne peux pas t'assurer qu'ils te feront travailler. Je n'en sais rien.

– Tu crois que j'ai des chances?

– Je n'en sais rien. »

Il est énervé, il n'arrête pas de bouger. Il faut que j'aille travailler, je sais qu'il va rester dans la maison vide à déambuler. Il n'écoutera même pas un disque. Il a peur de ne pas être accepté. Ce boulot dont il a tant envie consiste à collaborer à la fabrication d'un film publicitaire d'animation pour vendre un produit de consommation courante.

«Alors, il te tarde d'entrer dans le système débile?»

Il me regarde. Il est habitué à mes attaques de ce côté.

«Il est débile le système, c'est sûr. Tout est débile d'ailleurs. Alors tu sais . . . Si je peux gagner ma croûte en dessinant et me tirer de chez mes vieux, c'est tout ce que je demande.»

Ses vieux qui n'ont pas quarante ans!

En sortant de son rendez-vous Bertrand est venu directement ici. Il n'a pas été retrouver les autres Dalton, il n'est pas allé chez ses parents.

«C'est des mecs vachement sympas tu sais. Très simples. Ils m'ont donné du travail. Enfin, ils vont essayer de me faire travailler. Tu vois, comme je ne connais pas la technique du dessin animé, ils m'ont donné à trouver des couleurs pour un décor fixe. Ils m'ont expliqué comment il fallait travailler les encres, les craies. Dans deux jours je vais leur montrer ce que j'ai fait. Je saurai pas.

– Pourquoi?

– Parce que je l'ai jamais fait.

– Ils le savent que tu ne l'as jamais fait. S'ils te font confiance c'est qu'ils pensent que tu es capable de le faire.

– J'y arriverai pas.»

Une fois de plus je me trouve nez à nez avec le manque de confiance en eux qu'ils ont presque tous. Ils ont le complexe de l'échec.

«Tu leur as montré tes dessins. Tu sais bien que tu as des bandes dessinées qui ont été prises dans des journaux.

– Petits journaux gauchistes débiles.

– Enfin, Bertrand, je connais les gens qui travaillent pour gagner du fric. Je t'assure qu'ils vont pas perdre deux jours à donner du boulot à un mec s'ils ne pensent pas qu'il est capable de le faire.»

(..)

Finalement Bertrand n'a pas eu le boulot. Je ne l'ai jamais revu. Il a rencontré les enfants et leur a dit: «Ça a foiré. Ce que j'ai fait ne leur a pas plu. C'est des débiles.»

(. . .)

Il y a quelque temps j'ai dîné avec le jeune homme qui aurait dû être son employeur. J'avais oublié l'histoire de Bertrand.

«Comment se fait-il que nous n'ayons plus revu votre jeune protégé? Nous l'avons attendu plusieurs jours. On a fini par donner le travail à un autre.»

Ce garçon a vingt-cinq ans. Je ne vois pas pourquoi il me raconterait des histoires. Je n'ai pas su que répondre.

Je crois que si Bertrand, doué comme il l'est, n'a pas fait ce boulot c'est qu'il n'a aucune confiance en lui, qu'il veut se détruire d'une manière ou d'une autre.

Extrait de *La Clé sur la porte* © Editions Bernard Grasset

Notes

débraillé	avec les vêtements en désordre
rayonnant	l'air très heureux *(beaming with joy)*
bouche bée	la bouche ouverte (d'admiration)
sur son trente et un	avec ses plus beaux vêtements
crasse	couche de saleté
haillons	vêtements déchirés, en lambeaux
déambuler	marcher de long en large
encres	liquide noir ou de différentes couleurs
craies	bâtons de calcaire pour écrire ou dessiner (sur un tableau noir, par exemple)

Questions

1. Quel genre de garçon est le protégé de Marie—Bertrand Dalton?

2. Pourquoi est-il très excité en arrivant chez Marie?

3. Comment se prépare-t-il à aller au rendez-vous que lui a fixé son futur employeur?

4. Donnez deux ou trois exemples de l'indécision et des changements d'avis de Bertrand.

5. Quel genre de «boulot» Bertrand espère-t-il trouver?

6. A-t-il confiance en son talent et désire-t-il vraiment travailler?

7. Est-il prêt à entrer dans «le système» pour gagner sa vie ou préfère-t-il, au fond de lui, rester un marginal?

8. Citez un certain nombre de choses que Bertrand trouve «débiles». Que veut-il dire par là?

9. Comment s'est passé le premier rendez-vous? Que lui a-t-on demandé de faire pour prouver ses capacités?

10. Bertrand va-t-il tout faire pour réussir et sortir enfin de son inactivité?

11. Diriez-vous avec indulgence, comme Marie, que Bertrand souffre d'un «complexe de l'échec» ou, tout simplement que «le travail l'épouvante»? (Voir page xx.)

12. Remplacez les mots en italique par leurs équivalents en français standard.

«C'est *super!* Le *boulot* dont tu me parles est *sensass!* Si je ne l'obtiens pas, je me *flingue!* Je vais *me défoncer* pour l'obtenir . . . Seulement, je suis vite *crevé* quand je *bosse*. Alors, si au bout de deux ou trois jours je suis *claqué*, est-ce que je pourrai revenir *bouffer* et *roupiller* chez toi, ma chère Marie?»

13. Commentez cette réflexion de l'humoriste anglais Jerome K. Jerome: «Le travail me fascine. Je peux, sans me lasser, regarder les autres travailler pendant des heures.»

Points de vue sur l'anarchisme
Robert Merle

Bouchute est un étudiant qui ne se soucie ni des cours ni des examens et qui se contente de vivre à la Faculté de Nanterre grâce à la pension confortable que lui verse son père. Ménestrel, au contraire, a tenu à se libérer de sa famille et à préparer l'agrégation de lettres tout en faisant divers travaux, sa bourse étant insuffisante. Un jour——le 22 mars 1968—les deux garçons en viennent à parler du groupe anarchists de la Faculté, pour lequel Bouchute éprouve de la sympathie.

   — Moi, tu comprends, poursuivit Bouchute, Cronstadt, Bakounine, les théories anarchistes, je m'en fous. Ce que j'aime chez les anars, c'est un mode de vie. C'est des gars qui sacrifient pas le bonheur personnel. Les tabous, les entraves, la bureaucratie, zéro. Ils se foutent de l'organisation, ils font ce qu'ils veulent. Ici, à Nanterre, dans une réunion anar s'il y a des gars qui ont pas envie de discuter, ils font «*meuh*».
   — Ils font «*meuh*»?
   — Chaque fois qu'un type prend la parole, ils font «*meuh*». Pendant une heure, ils font «*meuh*».
   — C'est dingue, non?
   — C'est dingue, mais c'est marrant. Ils ont envie de déconner, ils déconnent. C'est ça, la liberté. Faire ce qu'on a envie de faire, même s'il y a des gens que ça fait chier.
   — Alors, toi aussi, tu as fait «*meuh*»?
   — Moi aussi.
Ménestrel se mit à rire tout d'un coup.
   — Pourquoi ris-tu? dit Bouchute d'un air offensé.

– Je te trouve bien timide. La prochaine fois, au lieu de faire *«meuh»*, je te propose de te lever, de sortir ta queue et de la montrer aux filles! . . .

– Tu es dégueulasse! dit Bouchute avec une véhémence qui surprit Ménestrel. Dès qu'on discute sérieusement et que tu sens tes positions menacées, aussitôt tu tournes ça à la rigolade, et tu escamotes le problème. On parlait de l'occupation de la tour et tu noies la question sous tes conneries.

– *«Meuh»*, dit Ménestrel en riant. Même si je suis pas anar, j'ai bien le droit de faire *«meuh»*!

– Tu es un salaud, dit Bouchute.

Ménestrel cessa de rire, fit pivoter sa chaise, et se carra en face de Bouchute, les deux mains sur ses genoux.

– Tu veux parler sérieusement? Eh bien, allons-y. Tu fous rien, tu t'emmerdes un peu et ça te botte de te joindre ce soir aux anars et d'occuper avec eux la tour. Pourquoi? Parce que c'est marrant, parce que c'est facile et parce que c'est absolument sans danger.

– Tu exagères, dis donc, dit Bouchute, la police peut intervenir.

– Tu penses que non, tu viens de le dire. Mais admettons. Admettons qu'elle intervienne? Qu'est-ce qui se passe? En mettant les choses au pire, tu risques d'être exclu de Nanterre pour un an, et ça, tu t'en fous, ton père t'envoie en Allemagne ou en Angleterre et le premier du mois tu reçois en livres ou en marks le chèque que tu recevais ici en francs. En d'autres termes, tu es vachement protégé par la société bourgeoise.

– Toi aussi.

– Moi aussi. Mais je suis plus vulnérable: je suis boursier. Si je fais trop de conneries, on me supprime ma bourse. Et alors? Comment je termine? En devenant pion? Tu sais ce que c'est, passer l'agrégation en étant pion dans un lycée?

Bouchute le regarda.

– Je te reconnais plus. En janvier, tu as prêté main-forte aux anars contre les flics.

– Ça, dit Ménestrel, c'était un acte irréfléchi et je ne suis pas prêt à le recommencer. Entre-temps, je suis devenu adulte.

– Adulte! dit Bouchute. Mais nous sommes tous adultes, ici!

– Oh, non! dit Ménestrel. On est adulte quand on gagne sa croûte. Point à la ligne. Y a pas longtemps que j'ai compris ça, mais je l'ai compris. Un étudiant qui dépend de Papa-Maman ou de l'Etat pour sa croûte ce n'est pas un adulte, c'est un potache.

– Et toi, alors, tu es adulte? dit Bouchute avec ironie.

– Adulte. Responsable. Et prudent. La tour, c'est peut-être très marrant, mais tu iras l'occuper sans moi.

Extrait de *Derrière la vitre* © Editions Gallimard

Notes

l'agrégation	concours du niveau le plus élevé pour le recrutement des professeurs dans les lycées et dans certaines universités
Cronstadt	soulèvement des marins de Cronstadt qui réclamaient le retour aux sources du pouvoir soviétique et rejetaient la dictature (1921), écrasé par l'Armée rouge
Bakounine, Michel (1814–1876)	anarchiste russe, auteur de Fédéralisme, socialisme et antithéologisme (1872)
les entraves	tout ce qui empêche d'être libre
meuh	cri de dérision imitant le meuglement de la vache
un boursier (d'études)	élève ou étudiant d'université bénéficiant de l'aide de l'Etat
prêter main-forte	aider (moralement et physiquement)

Questions

1. Qui sont Bouchute et Ménestrel?
2. Quelle sorte d'anarchisme un peu spécial Bouchute aime-t-il?
3. Quel genre de manifestation approuve-t-il pendant les cours, au nom de la liberté?
4. Quelle définition assez inattendue donne-t-il de la liberté?
5. Au début, Ménestrel prend-il la déclaration de Bouchute au serieux?
6. Ensuite, comment Ménestrel attaque-t-il l'attitude de Bouchute?
7. En quoi Bouchute est-il un «anar» très privilégié?
8. Ménestrel est-il aussi privilégié financièrement que l'anar Bouchute?
9. Quel concours difficile prépare-t-il?
10. Pourquoi refuse-t-il de participer à une manifestation que les «anars» préparent?
11. Qu'est-ce qu'un étudiant «adulte», selon Ménestrel?
12. Remplacez les mots en italique par leurs équivalents en français standard.

   «Toi, l'*anar* tu es *peinard*. Ton *paternel* est là pour *banquer* quand tu n'as plus de *fric*. Si tu fais des *conneries* et si tu es *foutu* à la porte de la *fac*, tu t'en *balances*. Tes *vieux* t'enverront passer une *chouette* année à Oxford avec les fils de «bourgeois». Moi, si je *me fais coller* à l'*agreg*, je serai obligé de devenir *pion* pour gagner ma *croûte*. Moi, je *chiade* et toi, tu ne *fous* rien, parce que tu es un *anar plein aux as*. Voilà la différence entre nous. Tu *piges*?»

13. Commentez la déclaration de Bertrand Russell: «Nul ne devrait être autorisé à poursuivre des études à l'Université avec l'aide de l'Etat sans fournir aux autorités la preuve qu'il utilise son temps de la façon la plus efficace.»

Au boulot!

François Cavanna

François, quatorze ans, en a assez de l'école et préfère se mettre à travailler.

Les zétudes m'emmerdaient. On plutôt, non, c'est pas exactement ça. Je m'étais mis dans le crâne qu'elles ne conduisaient qu'à des métiers qui rendent les hommes spécialement mous, faibles, moches, jaunâtres. Qu'elles faisaient d'eux des machins informes et pendouillants, gras du bide, lourds du cul, avec des bras flasques de vieilles. Des bureaucrates, pour tout dire.

Si je travaillais bien, si je canais pas en route, si je décrochais mon brevet et l'entrée à l'Ecole normale, alors, peut-être—rêve doré de maman—m'arracherais-je à la condition ouvrière pour devenir instituteur. Professeur si j'en mettais vraiment un sacré vieux coup. Ben, oui. Des profs, j'en avais sous les yeux. Je les aimais bien, il y en avait de très braves, leur savoir me fascinait, mais l'idée d'être un jour comme eux me foutait dans les angoisses. D'être physiquement comme eux, je veux dire. C'est qu'à l'époque, pour moi, le physique passait avant tout. Le complexe de Tarzan, toujours. J'imaginais pas qu'on puisse être vraiment intelligent si on n'était pas un athlète.

J'attribuais au métier ce qui revenait à l'âge. Mes profs étaient tous amplement quadragénaires, et même quinqua. T'imagines Tarzan quinquagénaire? Mowgli prenant du bide et chaussant des lunettes? Moi quinqua? Jamais. Je serai mort avant, longtemps avant, en pleine forme, ou alors on aura trouvé moyen de supprimer la vieillesse et la mort, la science cavale dur, ces temps-ci. Et puis d'abord, j'y pensais même pas. La vie, c'était maintenant, et maintenant c'était toujours. Je voyais l'avenir comme si j'allais avoir quatorze ans à perpète.

Enfin, bon j'ai tellement râlé, à la maison, que les profs étaient des aztèques et des dégénérés (dégénéré, c'était le mot à la mode), que j'en avais archimarre de perdre mon temps à des conneries (je faisais l'école buissonnière au moins deux jours par semaine, pas par plaisir mais à cause de devoirs que je pouvais pas rendre parce que pas faits, ce qui entraînait un enchaînement de mensonges, de signatures truquées et de remords en poupées russes . . .), qu'à la fin maman m'a dit:

«Tu préfères aller travailler?»

J'ai dit:

«Oui. Je veux faire un travail d'homme. Les scribouillages, c'est pour les lavettes. Et puis, je veux gagner ma croûte tout de suite, pour vous aider.»

Je disais ça parce que je savais que c'était ce qu'il fallait dire. Et en effet.

Maman a en de la peine. Papa aussi. Ils avaient tellement rêvé leur fils devenu quelqu'un dans les écritures! Postier, ou maître d'école . . . Mais ils étaient quand même fiers d'avoir un petit gars pas feignant, et avec du cœur.

Extrait de *Les Ritals* © Editions Albin Michel

Notes

les zétudes	liaison exagérément soulignée par dérision emphatique
flasques	sans fermeté, sans muscles
le brevet	diplôme permettant l'entrée à l'Ecole normale d'instituteurs
en mettre un sacré vieux coup	beaucoup travailler
me foutait dans les angoisses	me causait de vives inquiétudes, m'angoissait
le complexe de Tarzan	l'obsession de devenir un athlète
Mowgli	l'enfant recueilli et élevé par les loups, dans le roman de Rudyard Kipling *Le livre de la Jungle* (1894)
Moi quinqua? Jamais. Je serai mort avant . . .	Cette prédiction de François Cavanna (né en 1923) s'est heureusement révélée inexacte. Il est maintenant un «septua», apparemment encore solide. Il a de longs cheveux gris et une superbe moustache en guidon de vélo de course, également grise. En outre, malgré son aversion d'adolescent pour les «scribouillages» et les paperasses, il est devenu journaliste et écrivain.
des aztèques	des individus chétifs et de très petite taille, des mauviettes
j'en avais archimarre	j'en avais terriblement assez
je faisais l'école buissonnière	j'allais me promener au lieu d'aller à l'école
des remords en poupées russes	des remords qui s'emboîtaient les uns dans les autres
les scribouillages	les travaux d'écritures
les lavettes	les hommes mous, sans énergie

Questions

1. Quels préjugés François Cavanna avait-il sur l'aspect physique des gens qui avaient fait des études?

2. Ce préjugé était-il généralement fondé dans les années '30? L'est-il encore aujourd'hui?

3. De quel métier la mère de François rêvait-elle pour son fils?

4. Pour quelles raisons François repoussait-il cette idée?

5. Quelles étaient les idées de François sur le vieillissement et sur son avenir?

6. Comment François parvint-il à convaincre ses parents de le laisser aller travailler?

7. Remplacez les expressions ou les mots en italique par leurs équivalents argotiques.

   J'en avais *terriblement assez* d'aller à l'école. Je considérais les *professeurs quadragénaires* comme des *mauviettes,* comme des *individus mous et sans énergie.* Moi, je voulais être un Tarzan, un *athlète* qui n'aurait jamais *un gros derrière,* ni des *jambes sans muscles,* ni un *visage laid.* Je voulais *gagner ma vie* et faire un *travail* d'homme dès mes quinze *ans.* (Voir Le visage et le corps, pages 16–18.)

8. Trouvez-vous que les jeunes devraient s'orienter, non seulement vers des métiers qui leur plaisent, mais vers des métiers où ils auront des chances de trouver des emplois?

9. Les jeunes doivent-ils s'attendre à être obligés de faire successivement plusieurs métiers en cette période de chômage?

10. Pourquoi tant de jeunes veulent-ils aller à l'université, même quand ils savent qu'ils ne sont pas doués pour les études supérieures?

Extraits de lettres à un garçon «qui en a ras-le-bol»

Paul Guth

Dans ces lettres, l'auteur dit franchement à son petit-neveu Dominique—dix-huit ans—ce qu'il pense de lui, de ses copains et de leurs «problèmes».

Mon vieux Domi,

Tu appartiens à la génération des ras-le-bol. J'ai entendu cette expression pour la première fois, il y a six ans, dans les milieux de radio, de télévision. Elle est restée liée pour moi à l'atmosphère électrique des studios . . .

«Des emmerdements, j'en ai ras-le-bol.» Domi, ton bol est donc plein de merde? A ton âge, mon bol était plein du café au lait anémique du petit déjeuner où je trempais mon pain sec . . .

Mon vieux Domi,

Je t'adore. Mais il y a une chose que je n'ai jamais encaissée: *Tu ne parles pas.* Tu ne t'acquittes pas de cette fonction de notre espèce: *Parler . . .*

Si j'insiste, je ne t'arrache que des *beuh! meuh! bof!*

Si j'appuie encore plus, je n'extrais de tes profondeurs qu'un vocabulaire minable: vachement, dégueulasse, terrible, marrant, chouette, des trucs, des machins . . . Et encore, ce vocabulaire d'endive, si tu l'articulais! Mais tu le bredouilles, le bafouilles, le mâchouilles . . . Tu tritures une bouillie de limaces. Toi et tes copains, quand on vous interviewe à la radio, à la télé, dans ces émissions de la rue où on colle un micro sous les trous de nez des gens, je vous reconnais les yeux fermés. Et à ceci: vous n'avez même plus la force de prononcer ce petit mot: *Oui . . .*

Vous vous bornez à graillonner du fond de la gorge un coassement terminé en crachant: *Ouais . . .*

«*Domi, tu veux des frites?—Ouais!*» Le jour de ton mariage, quand le maire et le curé te demanderont: «*Dominique . . . voulez-vous prendre pour épouse Brigitte?*», tu coasseras «Ouais!» Comme un crapaud.

Mon vieux Domi,

Un muet. Bientôt un sourd. Les oto-rhinos sonnent le glas. «*Attention! Nous soignons de plus en plus de jeunes durs de la feuille!*»

(. . .)

Tu n'entends plus rien. Parce que tu es traversé sans arrêt par des sons trop violents et des gueulantes artificielles. Toute la journée sur la table, devant toi, fonctionne ton usine à sons: ton transistor.

A pleins tubes. A toute barde.

Pour travailler, il te faut un fond sonore? . . . Laisse-moi rire . . .

Si tu travaillais, Domi, ce qui s'appelle bûcher, bosser, chiader . . . *Bûcher,* comme un bûcheron dégrossit une pièce de bois, une grosse bûche . . . *Bosser,* courbé sur le boulot à s'en rendre bossu . . . *Chiader,* pas besoin de te faire un dessin, ça vient de «ça chie dur» . . .

«Fond sonore: bruits, sons, musique accompagnant un spectacle» . . . Si tu travaillais, Domi, je te jure que le travail te servirait de *«fond».*

Mon vieux Domi,

On a salué comme une victoire de la démocratie la prolongation de la scolarité jusqu'à seize ans. Une catastrophe! D'ailleurs, les intentions du législateur ne sont pas si pures. On vous enchaîne aux bancs de la classe jusqu'à seize ans, moins pour vous pourlécher de culture que parce qu'on ne sait pas quoi faire de vous. Les bouchers ont des congélateurs pour garder la viande. Nous ne pouvons pas mettre des générations au frigidaire. Nous les fourrons à l'école . . .

Dans l'école-frigidaire, beaucoup de tes copains s'ennuient: *«J'y passe la moitié de mon temps à m'emmerder, l'autre à me faire chier . . . »*

Si tes études te rasent, Domi, pourquoi ne te ferais-tu pas plombier? Électriciens et plombiers, les rois de demain . . .

Extrait de *Lettres à votre fils qui en a ras-le-bol* © Flammarion

Notes

en avoir ras-le-bol	en avoir assez (on dit aussi: en avoir marre, en avoir soupé, en avoir par-dessus la tête)
une chose que je n'ai jamais encaissée	une chose que je n'ai jamais acceptée/admise
beuh! meuh! bof!	exclamations marquant l'indifférence, l'indécision, la lassitude, le mépris, l'absence d'envie de discuter
si j'appuie	si j'insiste
minable	pauvre, médiocre, sans intérêt
un vocabulaire d'endive	un vocabulaire pâle comme une endive, sans couleur
bredouiller	parler d'une manière confuse, peu distincte
bafouiller	parler de façon embarrassée, incohérente
mâchouiller (ses mots)	parler comme si on écrasait les mots entre ses dents
triturer	réduire en pâte, en bouillie, par pression
une bouillie de limaces	une pâte faite de limaces (*slugs*) écrasées
graillonner	parler d'une voix grasse, enrouée
coassement	cri de la grenouille, du crapaud (*toad*)
ouais	pronunciation vulgaire, molle et traînante de «oui» (mode généralisée chez les jeunes, influence du «yeah» américain, au lieu de «yes»)
sonner le glas	faire tinter la cloche qui annonce la mort
durs de la feuille	sourds dur d'oreille
se pourlécher	se lécher avec contentement, avec plaisir

Questions

1. Résumez l'essentiel des reproches de Paul Guth à son neveu dans chacune des quatre lettres.

2. Quel genre de garçon est Dominique, d'après son oncle?

3. Remplacez les expressions et les mots en italique par leurs équivalents en français standard.

> Très cher Domi,
> J'en ai *ras-le-bol* de constater la façon dont tu *jaspines* au *téléphone,* quand tu arrives à ouvrir *ta boîte.* (J'essaie d'imiter ton style . . .)
> On n'y *entrave que dalle*! On dirait que tu es en train de *bouffer* une *patate* chaude ou une énorme poignée de *fayots.* De plus, tu n'as rien dans le *ciboulot,* et quand tu sors dix mots, c'est pour dire *deux conneries.* Qu'est-ce que tu *fous* dans un lycée, pauvre *débile*?
>
> Très affectueusement à toi—
>
> Ton *Tonton* qui t'aime

4. Paul Guth a-t-il raison de souligner la nécessité de savoir communiquer oralement?

5. Commentez ces deux vers d'un auteur que l'on étudie dans les lycées, Nicolas Boileau (1636–1711).

> «Ce que l'on conçoit bien s'énonce clairement,
> Et les mots pour le dire arrivent aisément.»

Chansons

L'influence de la chanson dans la propagation du vocabulaire familier, populaire ou argotique est *capitale*. Ces chansons sont enregistrées et vendues à des dizaines ou des centaines de milliers d'exemplaires. On les entend à longueur de journée à la radio—notamment sur les postes périphériques (Europe 1 / Radio Luxembourg / Radio Monte-Carlo, etc.). Les paroles sont mémorisées par les jeunes de toutes les classes sociales. On va aux concerts donnés par ces «idoles» et, bien entendu, le vocabulaire et les expressions des «tubes» sont réutilisés dans la conversation. Même les «moins jeunes» sont soumis à cette contagion par les médias, parfois à leur insu.

La Boum
Paroles et musique de Renaud

1

Les copains m'avaient dit:
On compte sur toi dimanche.
Y 'aura p't'être la Sylvie
Qui viendra sans son mec.
Elle est con comme un manche
Mais t'as la cote avec.
T'as pas à t'faire de bile,
Pour toi c'est dans la poche!
T'es pas encore débile
Et elle est pas trop moche.
Elle est pas v'nue, la belle.
J'ai tenu les chandelles!

J'irai plus dans vos boums.
Elles sont tristes à pleurer,
Comme un sourire de clown,
Comme la pluie sur l'été . . .

2

Toute façon, t'en fais pas,
M'avaient dit les copains,
Les nénettes y en aura
Dix fois plus que des mecs.
Le quart d'heure américain,
Ça va tripoter sec!
Des filles y en avait qu'douze,
Pour quatre-vingts poilus . . .
On fait mieux comme partouze,
Mais non j'suis pas aigri.
Y a qu'avec les p'tits «Lu»
Qu'ça a été l'orgie.

J'irai plus dans vos boums.
Elles sont tristes à pleurer,
Comme un sourire de clown,
Comme la pluie sur l'été . . .

3
Lorsque j'suis arrivé
Sur ma vieille mobylette,
Y en avait qu'écoutaient
L'dernier David Bowie.
Ils flippaient comme des bêtes
Autour d'une chaîne pourrie,
Ils fumaient des P. 4
En buvant du Coca.
Un pauvr' type sur sa gratte
Jouait «Jeux interdits».
Y avait même une nana
Qui trouvait ça joli.

J'irai plus dans vos boums.
Elles sont tristes à pleurer.
Comme un sourire de clown,
Comme la pluie sur l'été . . .

4
Y avait deux, trois loubards
Qu'assumaient leurs instincts
En chouravant dans l'noir
Des disques et des port'feuilles.
J'voyais tout, j'disais rien,
C'étaient mes potes d'Argenteuil!
Plus tard dans la soirée,
J'ai fait marrer tout l'monde.
Faut dire qu'j'ai raconté
Trois cent mille histoires belges.
J'en connais des immondes,
Mais j'les garde pour les Suisses.

J'irai plus dans vos boums.
Elles sont tristes à pleurer,
Comme un sourire de clown,
Comme la pluie sur l'été . . .

5
Lorsque j'me suis barré,
J'ai croisé les roussins,
Uniforme bleu foncé

Et képi sur le crâne.
Tout ça à cause d'un voisin
Qu'aimait pas Bob Dylan.
M'ont foutu un P.V.
Pas d'lumière sur ma meule . . .
Ont cru bon d'ajouter
Qu'ils aimaient la jeunesse
Puis j'suis resté tout seul,
Même pas en état d'ivresse.

J'irai plus dans vos boums.
Elles sont tristes à pleurer,
Comme un sourire de clown,
Comme la pluie sur l'été . . .

Notes

toute façon, t'en fais pas	de toute façon, ne t'inquiète pas
les P'tits «Lu»	les Petits Beurre Lu (petits gâteaux secs au beurre de la marque Lu)
assumaient leurs instincts	satisfaisaient leurs instincts
Argenteuil	ville de la banlieue parisienne, à 15 kilomètres de la capitale
des histoires belges	histoires qui ont la réputation d'être de la grosse rigolade

Questions

1. Quelles promesses avait-on faites à Renaud en l'incitant à venir à la boum?

2. Pourquoi a-t-il été déçu?

3. Que pensez-vous du refrain de la chanson? En quoi est-il différent du reste de la chanson? Qu'ajoutent-ses images à la chanson?

4. Que faisaient les copains d'Argenteuil pendant les danses?

5. Comment et pourquoi Renaud a-t-il voulu faire rire tout le monde en fin de soirée?

6. Remplacez les mots en italique par leurs équivalents en français argotique.

   La pauvre Sylvie n'est pas trop *laide,* mais elle est *bête comme ses pieds.* Si je voulais l'emmener après la *surprise-partie, ce serait facile.* Mais une soirée avec elle serait d'*une tristesse affligeante.* J'aime mieux aller au *cinéma.* Ce sera plus *drôle.*

7. Quelle impression finale Renaud a-t-il gardé de la boum et quelle conclusion en a-t-il tirée?

8. Trouvez-vous que la plupart des jeunes qui vous entourent sont plutôt tristes ou plutôt gais? Pour quelles raisons?

9. Quels genres de distractions ne vous déçoivent jamais?

10. Comparez l'atmosphère de cette boum avec celle décrite par Danièle Thompson et Claude Pinoteau dans leur film. (Voir page 104.)

11. Croyez-vous que les participants à la B.D. de Claire Bretécher «Fantasia» trouvaient aussi que la soirée «était triste à pleurer»? Était-ce pour les mêmes raisons que chez les jeunes? (Voir page 73.)

12. Commentez cet aphorisme spirituellement paradoxal d'Oscar Wilde: «L'existence serait supportable sans les distractions».

Dans mon H.L.M.

Paroles et musique de Renaud

1

Au rez d'chaussée dans mon H.L.M.
Y'a une espèce de barbouze
Qui surveille les entrées,
Qui tire sur tout ç'qui bouge,
Surtout si c'est bronzé,
Passe ses nuits dans les caves
Avec son Beretta,
Traque les mômes qui chouravent
Le pinard aux bourgeois.
Il s'recrée l'Indochine
Dans sa p'tite vie d'peigne-cul,
Sa femme sort pas d'la cuisine,
Sinon il cogne dessus.
Il est tell'ment givré
Que même dans la légion
Z'ont fini par le j'ter,
C'est vous dire s'il est con!

Putain, ç'qu'il est blême, mon H.L.M.!
Et la môme du 8ème, le hasch, elle aime!

2

Au premier, dans mon H.L.M.
Y'a l'jeune cadre dynamique
Costard en alpaga,
Ç'ui qu'a payé vingt briques
Son deux pièces-plus-loggia
Il en a chié vingt ans
pour en arriver là,
Maintenant il est content

Mais y parle de s'casser.
Toute façon, y peut pas,
Y lui reste à payer
Le lave-vaisselle, la télé
Et la sciure pour ses chats
Parç'que naturellement
Ç'bon contribuable centriste,
Il aime pas les enfants,
C'est vous dire s'il est triste!

Putain, ç'qu'il est blême, mon H.L.M.!
Et la môme du 8ème, le hasch, elle aime!

3
Au deuxième, dans mon H.L.M.
Y'a une bande d'allumés
Qui vivent à six ou huit
Dans soixante mètres carrés
Y'a tout l'temps d'la musique.
Des anciens d'soixante-huit
Y'en a un qu'est chômeur
Y'en a un qu'est instit'
Y'en a une, c'est ma sœur.
Y vivent comme ça, relax
Y'a des mat'las par terre
Les voisins sont furax
Y font un boucan d'enfer.
Y payent jamais leur loyer,
Quand les huissiers déboulent
Y écrivent à Libé,
C'est vous dire s'y sont cools!

Putain, ç'qu'il est blême, mon H.L.M.!
Et la môme du 8ème, le hasch, elle aime!

4
Au troisième, dans mon H.L.M.
Y'a l'espèce de connasse
Celle qui bosse dans la pub'
L'hiver à Avoriaz
Le mois d'juillet au Club.
Comme toutes les décolorées
Elle a sa Mini-Cooper
Elle allume tout l'quartier
Quand elle sort son cocker.
Aux manifs de gonzesses
Elle est au premier rang,

Mais elle veut pas d'enfants
Parc'que ça fait vieillir
Ça ramollit les fesses
Et pi ça fout des rides,
Elle l'a lu dans *L'Express*
C'est vous dire si elle lit!

Putain, ç'qu'il est blême, mon H.L.M.!
Et la môme du 8ème, le hasch, elle aime!

5

Au quatrième, dans mon H.L.M.
Y'a celui qu'les voisins
Appellent «le communiste»
Même qu'ça lui plaît pas bien
Y dit qu'il est trotskyste!
J'ai jamais bien pigé
La différence profonde.
Y pourrait m'expliquer
Mais ça prendrait des plombes.
Depuis sa pétition
Y'a trois ans, pour l'Chili
Tout l'immeuble le soupçonne
A chaque nouveau graffiti.
N'empêche que «Mort aux cons»
Dans la cage d'escalier
C'est moi qui l'ai marqué
C'est vous dire si j'ai raison!

Putain, ç'qu'il est blême, mon H.L.M.!
Et la môme du 8ème, le hasch, elle aime!

6

Pi y'a aussi, dans mon H.L.M.
Un nouveau romantique
Un ancien combattant
Un loubard, et un flic
Qui s'balade en survêtement
Y fait chaque jour son jogging
Avec son berger-all'mand
De la cave au parking
C'est vach'ment enrichissant.
Quand j'en ai marre d'ces braves gens
J'fais un saut au huitième
Pour construire un moment
'vec ma copine Germaine
Un monde rempli d'enfants.
Et quand le jour se lève

On s'quitte en y croyant
C'est vous dire si on rêve!

Putain, ç'qu'il est blême, mon H.L.M.!
Et la môme du 8ème, le hasch, elle aime!

Notes

H.L.M.	Habitation à Loyer Modéré, immeuble pour les personnes ayant de petits revenus
surtout si c'est bronzé	surtout si ce sont des Nord-Africains Maghrebins
il s'recrée l'Indochine	il se revoit pendant la guerre d'Indochine (1946–1954)
blême	pâle, d'une couleur maladive
mon H.L.M./le hasch, elle aime	jeu sur les mots—double sens: elle aime mon haschisch
l'alpaga	tissu de soie et de laine
le lave-vaisselle	machine à laver les plats, les assiettes, les verres, etc.
le sciure	poussière de bois scié
des anciens d'soixante-huit	des anciens de la révolution estudiantine de 1968 en France
les huissiers	officiers ministériels chargés de saisir les meubles quand les locataires ne paient pas leur loyer
Libé	le journal *Libération*
Avoriaz	station française de sports d'hiver en Haute-Savoie
le Club	le Club Méditerranée, pour les vacanciers et les touristes
l'Express	hebdomadaire français
pi y'a	et puis, il y a

Questions

1. Retracez, en français standard, les portraits des habitants les plus marquants du H.L.M.

    a. la barbouze du rez-de-chaussée

    b. le jeune cadre du 1er étage

    c. les allumés du 2ème

    d. la femme chic du 3ème

    e. le «communiste» du 4ème

2. Pourquoi les H.L.M., qui avaient été considérés comme un grand progrès à leur création, sont-ils maintenant très critiqués?

3. Qu'est-ce qui rend la cohabitation si difficile dans les H.L.M.?

4. Y a-t-il d'autres problèmes que le logement lui-même qui se posent à propos des H.L.M.?

5. Remplacez les mots en italique dans les phrases suivantes par leurs équivalents argotiques.

> Le *policier* du rez-de-chaussée est complètement *fou*. Il a toujours son *revolver* à la main et il traque les *enfants* qui volent dans les caves le *vin* des bourgeois. Il ne peut pas *sentir* les *excités* du 2ème qui font un *bruit* infernal, ni la *femme chic* du 3ème qui a une *belle voiture*. Bref, un *vieil imbécile* qui *embête* tout le monde!

6. Aimeriez-vous mieux habiter un immeuble collectif ou une maison individuelle? Quels sont les avantages et les inconvénients de l'un et de l'autre?

7. Que pensez-vous de la façon d'écrire de Renaud—rythme, ton, vocabulaire—dans cette triste chanson populiste? Y trouve-t-on cependant une lueur d'espoir?

8. Renaud chante toujours avec un visage sévère et impassible, en s'accompagnant à la guitare et sur une musique très répétitive composée seulement de quelques notes. Qu'est-ce qui peut, selon vous, d'après les deux chansons qui précèdent, faire son grand succès, notamment auprès des jeunes?

Le temps ne fait rien à l'affaire

Paroles et musique de Georges Brassens

Quand ils sont tout neufs,
Qu'ils sortent de l'œuf,
Du cocon,
Tous les jeun's blancs-becs
Prennent les vieux mecs
Pour des cons.
Quand ils sont d'venus
Des têtes chenu's,
Des grisons,
Tous les vieux fourneaux
Prennent les jeunots
Pour des cons.
Moi, qui balance entre deux âges,
J'leur adresse à tous un message:

Refrain
Le temps ne fait rien à l'affaire,
Quand on est con, on est con.
Qu'on ait vingt ans, qu'on soit grand-père,

Quand on est con, on est con.
Entre vous, plus de controverses,
Cons caducs ou cons débutants,
Petits cons d'la dernière averse,⎱
Vieux cons des neiges d'antan. ⎰*bis*

Vous, les cons naissants,
Les cons innocents,
Les jeun's cons
Qui, n'le niez pas,
Prenez les papas
Pour des cons,
Vous, les cons âgés,
Les cons usagés,
Les vieux cons
Qui, confessez-le,
Prenez les p'tits bleus
Pour des cons,
Méditez l'impartial message
D'un qui balance entre deux âges:

Au refrain

Notes

ne fait rien à l'affaire	n'y change rien, n'a pas d'importance
les blancs-becs	jeunes gens sans expérience
des têtes chenu's	têtes couvertes de cheveux blancs
des grisons	hommes aux cheveux gris
caducs	vieux, qui touchent à leur fin
d'antan	d'autrefois, du temps passé
les p'tits bleus	les jeunes (autrefois, les jeunes recrues en tenue bleue à la caserne)
un qui balance entre	quelqu'un qui oscille entre

Questions

1. À quelle double catégorie de personnes Brassens s'adresse-t-il?
2. Comment appelle-t-il et décrit-il les deux sortes de destinataires de son message?
3. Quelle catégorie de personnes reste, comme lui, à peu près lucide dans ses critiques?

dans le vent = trendy, with it

4. Comment le début du refrain formule-t-il le message «impartial» en quatre lignes?

5. Ramenez à une seule ligne l'essentiel de ce message.

6. Trouvez des équivalents en français standard du mot «con». (voir pages 43–44, La famille Ducon.)

7. Quels reproches également «cons» les deux camps opposés s'adressent-ils?

8. Donnez des examples concrets de la connerie des jeunes et des vieux. Que font-ils?

9. Arrive-t-il dans certains cas qu'il n'y ait pas conflit entre les anciens et la jeune génération? Que peuvent alors aimer ou admirer les jeunes chez les vieux et les vieux chez les jeunes (a) dans la famille, (b) hors de la famille?

10. Grâce à quoi Brassens parvient-il à faire sourire et à ne pas vraiment choquer malgré son emploi répété d'un mot vulgaire?

11. Montrez à la fois le côté amusant et le côté désabusé de cette chanson que, comme toujours, Brassens interprétait avec un visage absolument impassible. Qu'est-ce qui distrayait le public?

12. Pierre Daninos a défini l'humour comme «une plante gaie arrosée de spleen». Dans quelle mesure cette formule s'applique-t-elle à cette chanson de Brassens?

13. Commentez cette réflexion de Jean Dutourd: «Le destin déplorable des jeunes gens «dans le vent»* est de finir dans la peau de vieillards enrhumés.»

Les jolies colonies de vacances

Paroles et musique de Pierre Perret

Refrain
Les jolies colonies de vacances
Merci maman merci papa
Tous les ans je voudrais qu'ça r'commen-ce
You kaï-di aï-di aï-da

I

J' vous écris une petite bafoui-lle
Pour pas qu' vous vous fassiez d' mouron
Ici on est aux p'tits oignons
J'ai que huit ans mais je m' débroui-lle
J' tousse un peu à cause qu'on ava-le
La fumée d' l'usine d'à côté
Mais c'est en face qu'on va jouer
Dans la décharge municipa-le

Au refrain

II

Pour becqu'ter on nous met à l'aise
C'est vraiment comme à la maison
Les faillots c'est du vrai béton
J'ai l'estomac comme une falai-se
L' matin on va faire les poubel-les
Les surveillants sont pas méchants
Y ronflent les trois quarts du temps
Vu qui sont ronds comme des queues d'pel-les

Au refrain

III

Hier j'ai glissé de sur une chaise
En f'sant pipi dans l' lavabo
J'ai l' menton en guidon d' vélo
Et trois canines au Père Lachaise
Les punitions sont plutôt du-res
Le pion il a pas son pareil
Y nous attache en plein soleil
Tout nus barbouillés d' confitu-re

Au refrain

IV

Pour se baigner c'est l' coin tranquil-le
On est les seuls personne y va

On va s' tremper dans un p'tit bras
Où sortent les égouts d' la vil-le
Paraît qu'on a tous le typhus-se
On a l' pétrus tout boutonneux
Et l' soir avant d' se mette au pieu
On compte à çui qu'en aura l' plus-se

Au refrain

V
J'vous envoie mes chers père et mère
Mes baisers les plus distingués
J' vous quitte là j' vais voir ma fiancée
Une vieille qu'a au moins ses dix berges
Les p'tits on a vraiment pas d' chance
On nous fait jamais voyager
Mais les grand's filles vont à Tanger
Dans d'autres colonies d' vacances

Au refrain

Notes

les colonies de vacances	groupements d'enfants des villes que l'on fait séjourner à la campagne, à la mer ou à la montagne pendant les vacances
You kaï-di aï-di aï-da	onomatopées servant de refrain
la décharge municipale	terrain où l'on jette les ordures de la ville
le béton	matériau de construction très dur
les poubelles	grands récipients dans lesquels on jette les ordures ménagères
ronds comme des queues de pelle	complètement saouls
le Père Lachaise	confesseur de Louis XIV dont on a donné le nom au principal cimetière de Paris
un p'tit bras	un petit bras de la rivière
les égouts	canalisations souterraines pour évacuer les eaux polluées de la ville
Tanger	ville du Maroc abritant, entre autres choses, des trafics divers

1. Résumez à votre façon, en français standard, chacun des quatre premiers couplets de la chanson.

2. Les quatre premiers couplets correspondent-ils au titre et au refrain?

3. Quel ton différent et quels sujets nouveaux apparaissent dans le cinquième couplet?

4. Dans le texte suivant, remplacez les mots en italique par des équivalents argotiques:

> Mon jeune *frère* Jeannot, qui n'a que huit *ans,* m'a envoyé une *gentille* petite *lettre* pour que je ne me fasse pas de *souci.* Il ne *s'amuse* pas beaucoup dans sa colonie car il n'a pas de bons *camarades.* Tous les jours, on lui donne des *haricots blancs* à *manger,* alors qu'il n'aime que les *pommes de terre,* et il s'est cassé une *dent* sur un vieux bout de *viande.* Le surveillant est *saoul* du matin au soir et il est complètement *fou.* J'ai répondu à Jeannot: «Ne *pleure* pas! Dans une semaine je *t'embrasserai* à ton retour et nous essaierons de *rire* de tes malheurs.» (Voir pages 32–34, Les sentiments, et 18–19, La nourriture.)

5. L'expression «colonies de vacances» gagnerait-elle à être modifiée? Pourquoi? Que proposeriez-vous?

6. Montrez comment Pierre Perret, avec sa figure ronde et joviale, a l'art d'envoyer les pires «vacheries» en souriant d'un air innocent.

7. Relevez les trouvailles verbales qui provoquent irrésistiblement les rires du public. Qu'est-ce qui fait leur force comique et satirique?

Lexique

Ce petit lexique, qui se limite strictement au contenu du livre, n'a d'autre objectif que d'apporter aux lecteurs une aide efficace et facilement accessible. Ils trouveront donc ici, en français standard, les équivalents de tous les mots et idiotismes «non conventionnels» figurant dans le volume.

Nous n'avons pas tenté de préciser leur «niveau», en ajoutant, pour chacun d'eux, l'une des mentions généralement employées dans les dictionnaires—*fam., pop. arg., vulg.,* etc.—qui porteraient à croire que des classifications nettement tranchées peuvent être établies. Or, les choses ne sont pas aussi simples—surtout lorsqu'il s'agit de la langue parlée. Tel mot qui sera jugé franchement vulgaire dans certaines circonstances passera pratiquement inaperçu dans d'autres—selon l'âge, le ton, le comportement du locuteur et aussi en fonction du lieu où les propos seront tenus et des personnes auxquelles on s'adressera.

Nous avons donc seulement fait précéder d'un astérisque les mots et expressions que les étrangers ont tout intérêt à ne *pas* se risquer à employer. S'il est fort souhaitable qu'ils comprennent parfaitement tout ce qui se dit, il n'est nullement indispensable qu'ils cherchent à imiter les autochtones dans leurs outrances langagières . . .

Abréviations

adj. = adjectif

adv. = adverbe

conj. = conjonction

qqn = quelqu'un

f. = nom féminin

interj. = interjection

inv. = invariable

m. = nom masculin

pl. = pluriel

qqch = quelque chose

a

abouler donner/apporter

s'abouler venir/arriver

D'acc! (interj.) D'accord!/Entendu!

addition salée (f.) note, facture très élevée

agrafer arrêter (un malfaiteur); *voir* épingler

air: *ne pas manquer d'**air*** avoir du toupet, de l'aplomb/exagérer

    prendre de grands airs prendre une expression hautaine/dédaigneuse

aller: *Ça va!* (interj.) Assez!/Ça suffit!

    Ça va pas? expression marquant l'indignation, la surprise (= Tu es fou?)

allonger *son fric* donner son argent (sous la menace)

allonger *la sauce* rendre plus long/payer un surplus

allumé (m.) individu excité, facilement violent

allumer *qqn* aguicher qqn/provoquer qqn

allumeuse (f.) femme provocante, sexuellement aguichante

amocher *qqn* blesser qqn

anar (m.) anarchiste

apéro (m.) apéritif

appart' (m.) appartement

archi- préfixe de renforcement (= très)

ardoise: *avoir une **ardoise*** avoir une dette (dans un café ou chez un petit commerçant)

arnaque (f.) escroquerie/tromperie

arnaquer escroquer, tromper

    *se faire **arnaquer** par les poulets* se faire appréhender, arrêter par la police

arpions (m. pl.) pieds

arroser *ça* célébrer un événement en buvant

as (m.) personne brillante/champion

    *plein aux **as*** riche

attendre: *tu peux toujours attendre* non/rien à faire/tu n'obtiendras rien de moi

attentat-bidon (m.) faux attentat

attiger exagérer

avant-scène (f.) poitrine opulente de femme

avoir *qqn* escroquer qqn

    *se faire **avoir*** payer trop cher/se faire duper

b

babillarde (f.) lettre/missive; *voir* bafouille

bac (m.) baccalauréat

bac(ch)antes (f. pl.) moustaches

bachot (m.) baccalauréat

bachotage (m.) travail intensif pour préparer un examen

bachoter travailler durement en vue d'un examen

baffe (f.) gifle

bafouille (f.) lettre/missive; *voir* babillarde

bafouiller parler de façon incohérente ou inintelligible

se ***bagarrer*** se battre

bagarreur(-euse) (adj. et nom) personne qui aime se disputer ou se battre

bagnole (f.) voiture/automobile; *voir* caisse/tire

bahut (m.) lycée/collège; camion

*****baiser*** faire l'amour

    *****baiser*** *une fille* faire l'amour à une fille

    *****baiser*** *qqn* tromper qqn/duper qqn

    *se faire **baiser*** se faire duper/se faire posséder/se faire avoir

    ne rien y* **baiser* ne rien y comprendre

*****baiseur(-euse)*** (nom) personne qui aime faire l'amour

balade: *faire une **balade*** se promener; *voir* se balader

se ***balader*** se promener; *voir* balade

baladeux: *main **baladeuse*** (f.) main qui s'égare en caresses indiscrètes

balaise (balèze) (adj. et nom) fort/robuste

balancé: *être bien **balancé(e)*** être bien bâti/bien proportionné *balancer* qqch   jeter qqch/ envoyer qqch

balancer qqn   dénoncer qqn/licencier qqn

s'en balancer: Je m'en balance!   s'en moquer:
Je m'en moque!/Ça m'est égal!

balcon (m.)   poitrine opulente de femme

balle (f.)   franc ancien (monnaie)

ballot (adj. et m.)   naïf/lourdaud/sot

*bandant(e) (adj.)   excitant/désirable;
enthousiasmant

*bander   être en érection

banquer   payer une somme d'argent

*baraka: avoir la **baraka** (baracca)*   avoir de la
chance

*baraque: être bien **baraqué(e)***   être bien bâti

baratin (m.)   histoires mensongères/propos trom-
peurs/boniment

baratiner qqn   raconter des histoires mensongères à qqn

baratineur(-euse) (nom)   beau parleur/menteur

barbant(e) (adj.)   ennuyeux

barbaque (f.)   viande

*barbe: c'est la **barbe***   c'est ennuyeux

barber   ennuyer

*se **barber***   s'ennuyer

barbouse (barbouze) (m. ou f.)   membre d'une
police parallèle on d'un service d'espionnage

barbouze (f.)   barbe

*barde: à toute **barde***   à toute vitesse

barder   prendre une tournure dangereuse

barreau de chaise (m.)   gros cigare

*se **barrer***   se sauver/partir

Basta! (interj.)   Assez!/Ça suffit!

*bateau: monter un **bateau***   mystifier/inventer une
histoire pour se moquer de qqn

bâton (m.)   million de francs d'avant 1956, 10,000
francs actuels

battant (m.)   personne active, dynamique

*baver: en faire **baver** à qqn*   donner du mal à qqn;
s'opposer vigoureusement à qqn

*bavette: tailler une **bavette***   bavarder

bavure (f.)   erreur regrettable

beauf (m.)   beau-frère; Français moyen petit-
bourgeois (réactionnaire et borné)

bécane (f.)   moto; vélo

bêcheur(-euse) (adj. et nom)   prétentieux et méprisant

*bectance (f.)   nourriture

*becter (becqueter/béqueter)   manger

B.D. (f.)   bande dessinée

beigne (f.)   gifle/coup (de poing)

*belle: (se) faire la **belle***   s'évader de prison

ben: Eh ben! (interj.)   Eh bien!

bénef (m.)   bénéfice

Bérésina (f.)   désastre/perte

Beretta (m.)   (marque de) revolver

berge (f.)   année (d'âge)

*berlue: avoir la **berlue***   se tromper/faire erreur

beugler   crier

*beurre: se faire du **beurre**, faire son **beurre***
s'enrichir

*beurré(e): être **beurré(e)***   être ivre

(pas) bézef (adv.)   (pas) beaucoup

bibine (f.)   boisson de mauvaise qualité

bide (m.)   ventre

*faire un **bide***   être un échec (spectacle)

bidoche (f.)   viande

bidon (m.)   ventre

bidon (adj. inv.)   simulé/faux

*se **bidonner***   rire/bien s'amuser

bidule (m.)   objet quelconque; *voir* machin/truc

*bifton (m.)   billet (de banque)

bigler   regarder

bigo/bigophone (m.)   téléphone

bigophoner   téléphoner

bigorner   endommager

*bile: se faire de la **bile***   se faire du souci

*se **biler***   se tracasser

*billard: passer sur le **billard***   subir une opération
chirurgicale

bille en tête   directement/carrément

*bise: (se) faire la **bise***   (s') embrasser

bistrot (m.)   petit café/débit de boisson

*bite (f.)   sexe de l'homme

bitos (m.)   chapeau

*biture: prendre une **biture***   se soûler

blablabla (m.)   histoires sans intérêt

blablater   parler pour ne rien dire

blague (f.)   plaisanterie

blaguer   plaisanter

blair (m.)   nez

*avoir qqn dans le **blair***   détester qqn/avoir qqn
dans le nez

blairer: *ne pas pouvoir* **blairer** *qqn*   ne pas supporter qqn/ne pas pouvoir sentir qqn

blanc: *être* **blanc**   être innocent

blanche (f.)   cocaïne; *voir* neige

blé (m.)   argent

bleu (m.)   jeune recrue inexpérimentée/personne naïve

   se faire avoir comme un **bleu**   tomber/naïvement dans un piège

bloc: *mettre au* **bloc**   mettre en prison

blonde (f.)   bière blonde; cigarette de tabac blond

bobine (f.)   visage

bœuf: **gagner son* **bœuf**   gagner de quoi se nourrir/gagner sa vie

Bof! (interj.)   marque le doute, l'ironie sceptique

boîte (f.)   bouche; lycée/collège; entreprise/firme

   fermer sa **boîte**   se taire

   boîte *à bachot* (f.)   institution préparant spécialement au baccalauréat

bol (m.)   chance; *voir* pot

bonhomme (m.)   mari; homme

bonne femme (f.)   femme (sens péjoratif)

bordel (m.)   maison de prostitution; désordre/confusion

   bordel *insensé*   une pagaille folle, des embouteillages extravagants

borne (f.)   kilomètre; limite

boss (m.)   directeur; patron

bosser   travailler

botter   convenir/plaire

boucan (m.)   bruit/vacarme

boucler: *la* **boucler**   se taire

bouffarde (f.)   pipe

bouffe (f.)   nourriture; repas copieux; lieu pour se nourrir

bouffer   manger

   bouffer *des briques*   ne rien avoir à manger

bouille (f.)   visage

boule: *se fiche(r), se foutre en* **boule**   se mettre en colère

boulonner   travailler

boulot (m.)   travail

   un **boulot** *de con*   un travail imbécile

   un **boulet** *pas croyable*   un travail incroyable, énorme

boulotter   manger

boum (f.)   surprise-partie

bouquin (m.)   livre

bouquiner   lire

bourdon: *avoir le* **bourdon**   s'ennuyer; être déprimé; *voir* cafard

bourgeoise (f.)   épouse (ironique)

bourlinguer   voyager

bourre: *être à la* **bourre**   être en retard

bourré: *être* **bourré**   être ivre

   être **bourré** *de fric*   être riche

bourrer   se dépêcher/rouler vite (en voiture)/accélérer

   bourrer *le crâne à qqn*   mentir à qqn

   ***bourrer** *le mou à qqn*   bourrer le crâne à qqn (le mou = le cerveau)/mentir à qqn

bousiller   endommager

boustifaille (f.)   nourriture

bout: *discuter le* **bout** *de gras*   échanger des idées/palabrer

bouteille: *prendre de la* **bouteille**   vieillir

   branché(e) (adj. et nom)   qui est au courant/à la mode

*branler   faire

   *qu'est-ce que tu **branles?**   que fais-tu?

   *j'en ai rien à **branler**   cela ne m'intéresse pas

*branleur(-euse) (nom)   personne/peu sérieuse, sur qui on ne peut compter; *voir* fumiste./(au f.) fillette

branque (adj.)   fou/désaxé/cinglé

braquer *qqn*   agresser qqn à main armée

braqueur (m.)   agresseur à main armée

un **brin**   un peu

   avoir un **brin**   être un peu fou

brioche: *avoir de la* **brioche**   avoir un gros ventre

brique (f.)   10.000 F actuels/1 million d'anciens francs

briser: **tu me les* **brises!**   tu m'ennuies!/tu m'embêtes!

brouillard: *être dans le* **brouillard**   être dans le vague, dans la confusion

   foncer dans le **brouillard**   aller vite/conduire très vite; ne pas hésiter

brune (f.)   bière brune; cigarette de tabac brun

bûcher   travailler avec acharnement

bûcheur(-euse) (adj. et nom)   qui travaille avec acharnement

buffet (m.)   estomac

burlingue (m.)   bureau; ventre

bu(t)ter *qqn*   assassiner/tuer qqn

c

cabane (f.)   prison

caboche (f.)   tête

cabot (m.)   chien; *voir* clébard/clebs

cafard: avoir le cafard   être déprimé, triste; *voir*
　bourdon/déprime

cafetière (f.)   tête

cafouillage (m.)   mauvaise manœuvre/opération
　manquée

cafouiller   mal manœuvrer

cailler: ça caille (dur)   il fait (très) froid

　*(se) (les) cailler   avoir froid

caillou (m.)   tête

caisse (f.)   poitrine de l'homme; voiture/automobile;/
　voir bagnole/tire

cam (f.)   drogue (notamment cocaïne)

cambrousse (f.)   campagne

camé(e) (adj. et nom)   drogué

camelote (f.)   produit de mauvaise qualité;
　marchandise

se camer   se droguer

se camoufler   se cacher

camp: fiche(r) le camp/foutre le camp   partir; se
　sauver

canard (m.)   journal

caner   reculer devant un danger ou une difficulté

can(n)er   mourir

canon (m.)   verre de vin

canular (m.)   blague/farce; fausse nouvelle

carambolage (m.)   accident où plusieurs voitures
　se sont heurtées

caramboler   heurter

carrée (f.)   chambre

casquer   payer

casse (m.)   cambriolage

casse (f.)   dégâts/dommages/objets brisés

casse-croûte (m.)   repas sommaire

casse-gueule (adj.)   dangereux

casse-pieds (adj. et nom, inv.)   ennuyeux

casser le casino de qqn   dévoiler le jeu de qqn;
　couper ses effets à qqn

casser la croûte, la graine   manger

casser les pieds   ennuyer

se casser   partir

*se les casser   s'ennuyer

casseur (m.)   cambrioleur; personne qui affiche un
　air de provocation

cavale (f.)   fuite/évasion

　se mettre en cavale   s'enfuir/s'évader; *voir* se
　　cavaler

　se cavaler   s'enfuir/s'évader; *voir* se mettre en
　　cavale

chais (pas)   je (ne) sais (pas)

chandelles: tenir les chandelles (f. pl.)   assister à qqch
　sans y participer

chanvre (m.)   marijuana

charcuter: se faire charcuter   subir une opération
　chirurgicale

charrette (f.)   voiture/automobile

charrier   exagérer

chassis: avoir un beau châssis   avoir un beau corps
　(pour les femmes)

chat (m.)   sexe de la femme

châtaigne (f.)   coup de poing

*chatte (f.)   sexe de la femme

chaud: ça me fait ni chaud ni froid   ça me laisse
　indifférent/ça m'est égal

　j'ai eu chaud   j'ai eu peur

　ne pas être très chaud pour faire qqch   ne pas être
　　enthousiaste pour faire qqch

chauffer: ça va chauffer   ça va devenir houleux,
　dangereux

chéro(t) (adj. inv.)   cher/coûteux; trop cher

cheveux: avoir mal aux cheveux   avoir mal à la tête
　pour avoir trop bu

chiader   travailler

chialer   pleurer

chiant(e) (adj. et nom)   embêtant/ennuyeux

chiasse: avoir la chiasse   avoir la diarrhée

chic (adj. inv.)   élégant

　c'est un chic type   c'est un garçon très gentil

chié(e) (adj.)   réussi/remarquable

　T'es chié(e)!   Tu exagères!

chiée (f.)   grande quantité

chien: temps de chien (m.)   mauvais temps

*chier   déféquer

　*avoir envie de chier   avoir envie d'aller à la
　　selle

　en chier   souffrir; avoir du mal à faire qqch

faire **chier**   ennuyer/embêter

se faire **chier**   s'ennuyer

chierie (f.)   chose très ennuyeuse

chieur(-euse) (adj. et nom)   ennuyeux individu très embêtant; *voir* emmerdeur

chignole (f.)   voiture

chiotte (f.)   ennui; voiture

chiottes (f. pl.)   W.-C.

Aux **chiottes!**   À bas . . . !/ À la porte!

chiqué (m.)   simulation/bluff; affectation

chnouf(fe) (schnouf[fe]) (f.)   drogue/héroïne

chômedu (m.)   chômage; chômeur

chop(p)er *qqn ou qqch*   attraper qqn on qqch; voler/dérober qqch

chouchou(te) (nom)   favori/préféré

chouette (adj.)   agréable/beau/bon

chouraver   voler

chouraveur(-euse) (nom)   voleur

choute   terme d'affection—chérie

chuis   je suis

ciboulot (m.)   tête

se creuser le **ciboulot**   se creuser le tête/chercher (des idées, des solutions)

ciné (m.)   cinéma

cinglé(e) (adj. et nom)   fou

cinoche (m.)   cinéma

claque: *en avoir sa* **claque**   en avoir assez

claqué: *être* **claqué**   être très fatigué

claquer *du fric*   dépenser de l'argent

clébard (m.)   chien

clebs (m.)   chien

cloche (f.)   personne incompétente/nullité

faire **cloche**   avoir l'air bête

se taper la **cloche**   bien manger

clope (m. ou f.)   cigarette

clou: *river son* **clou** *à qqn*   réduire qqn au silence

Des **clous!** (interj.)   Non!/Rien à faire!

cobaye (m.)   malade sur lequel on fait des expériences

cochon: *temps de* **cochon** (m.)   mauvais temps

Coco (m.)   communiste

(mon) **coco**   (appellation affectueuse) mon ami/mon chéri

coffre (m.)   poitrine

avoir du **coffre**   avoir une voix puissante

cogner: *ça va* **cogner**   on va se battre

coincer: *se faire* **coincer** *par qqn*   être retenu par qqn

colle: *donner une* **colle** *à qqn*   donner une retenue à un élève (punition consistant à le faire rester à l'école après la fin des cours)

passer une **colle**   subir une interrogation (élève)

poser une **colle** *à qqn*   poser une question difficile à qqn

coller   mettre/donner/flanquer

Ça **colle!**   Ça marche!

se faire **coller**   échouer (à un examen)

combine: *trouver une* **combine**   se débrouiller

compas (m. pl.)   jambes

allonger les **compas**   marcher vite

***con** (m.)   sexe de la femme

con(ne) (adj. et nom)   stupide/bête

un boulot à la **con**   un travail stupide

connard(e) (adj. et nom)   (personne) stupide/imbécile

connasse (f.)   idiote

connerie (f.)   action ou propos stupide; chose fausse

dire des **conneries**   dire des bêtises

contredanse (f.)   contravention

cool (adj.)   décontracté; dans le vent/d'avant-garde

copain, copine (nom)   camarade

corniaud (m.)   imbécile

cossard(e) (adj. et nom)   paresseux

cosse (f.)   paresse

costard (m.)   costume

cote: *avoir la* **cote** *avec qqn*   être apprécié, estimé de qqn

coton: *c'est* **coton!**   c'est difficile/c'est compliqué

filer un mauvais **coton**   être gravement malade; être sur la mauvaise voie

coucher *avec qqn*   faire l'amour avec qqn

couillon(ne) (adj. et nom)   bête/stupide

couler: *se la* **couler** *douce*   mener une vie tranquille/ne pas se fatiguer

coup: *discuter le* **coup**   échanger des idées

en fiche(r) un **coup***/en foutre un* **coup**   travailler dur

prendre un **coup** *de rouge, un* **coup** *de blanc*   boire un verre de vin rouge, de vin blanc

ne plus être dans le **coup**   être démodé/ne plus être au courant

avoir un **coup** *dans l'aile*   être légèrement ivre

*avoir un **coup** de barre*   ressentir une fatigue soudaine

*avoir un **coup** de bol*   avoir un coup de chance

*passer en **coup** de vent*   faire une visite très rapide

*prendre un **coup** de fusil*   payer trop cher

*prendre un **coup** de vieux*   vieillir brusquement

***couper** les cheveux en quatre*   discuter sur de petits détails

***cracher** qqch*   donner à contrecœur

cracher qqn   déposer qqn à un endroit

cracher sur qqch   dédaigner, ne pas aimer qqch

*il ne **crache** pas sur le pinard*   il ne dédaigne pas le vin

***crachoir**: tenir le **crachoir** à qqn*   parler longuement à qqn

***crack** (m.)*   personne brillante/champion

***craint**: Ça **craint**!*   C'est inquiétant, dangereux, désagréable! Il faut se méfier!

***crâne** (m.)*   tête

***crème** (m.)*   café-crème

***crème** (f.)*   le meilleur

***crêpage** de chignon*   violente dispute

creux**: avoir un **creux   avoir faim

***crevant(e)** (adj.)*   amusant/drôle; fatigant

crève**: avoir la **crève   avoir attrapé un rhume, la grippe/être malade

crevé**: être **crevé   être très fatigué

***crever** de faim*   avoir une très grande faim

crever de chaud; crever de froid   avoir très chaud; avoir très froid

***crocs** (m. pl.)*   dents

*avoir les **crocs***   avoir faim

***croquenots** (m. pl.)*   chaussures

croûte**: gagner sa **croûte   gagner de quoi se nourrir/ gagner sa vie

cueillir   arrêter (un malfaiteur)

çui   celui

***cuiller** (f.)*   main

***cuisiner** qqn*   poser d'innombrables questions à qqn pour le faire avouer

***cuistance** (f.)*   cuisine (préparation et lieu)

***cuistot** (m.)*   cuisinier

cuit**: être **cuit   être perdu

*c'est du tout **cuit***   c'est gagné d'avance

cuite**: prendre une **cuite   trop boire/s'énivrer

*se **cuiter***   se soûler

***cul** (m.)*   postérieur

*être sur le **cul**/en tomber sur le **cul***   être très étonné, stupéfait

***culot** (m.)*   toupet/audace/impudence/aplomb

çuy-là   celui-là

d

***dac!** (interj.)*   d'accord

dalle**: avoir la **dalle   avoir faim

*que **dalle***   non; rien

***débile** (adj. et nom)*   idiot/crétin

*se **débiner***   se sauver/s'enfuir

débouler   arriver

***débrouille** (f.)*   aptitude à se tirer d'affaire avec ingéniosité

***déco** (f.)*   décoration

décompresser   se détendre

déconner   faire des bêtises; dire des bêtises

décontract**: être **décontract   être décontracté, détendu

décrocher   obtenir

*se **défiler***   se dérober devant une difficulté

*se **défoncer***   se donner du mal; bien s'amuser; se droguer

*se **défringuer***   se déshabiller

déglinguer   démolir/abîmer

dégobiller   vomir

***dégonflé(e)** (adj. et nom)*   lâche/peureux

*se **dégonfler***   renoncer par peur

***dégoter** qqch*   découvrir, trouver qqch

***dégueu(e)**/**dégueulasse** (adj. et nom)*   sale/dégoûtant/ mauvais

dégueuler   vomir

***démerdard(e)** (adj. et nom)*   débrouillard

*se **démerder***   se débrouiller

***demi** (m.)*   verre de bière

***démolir** qqn*   critiquer qqn méchamment

déphasé**: être **déphasé   être démodé/ne plus être au courant

déprime**: être dans la **déprime   s'ennuyer; *voir* cafard

***dérouillée**: fiche(r), flanquer, foutre une **dérouillée** à qqn*   battre qqn; *voir* raclée/trempe

***descendre** qqn*   assassiner, tuer qqn

dévorer   consommer en grande quantité

***dico** (m.)*   dictionnaire

dingue (adj. et nom)   fou

*dire: j'te **dis** pas*   je ne te dis pas (la suite, ou le contraire) (formule d'abrègement)

donner qqn   dénoncer qqn

*dos: en avoir plein le **dos***   en avoir assez

*douce: en **douce***   en secret

doudounes (f. pl.)   seins

douloureuse (f.)   addition (facture, note)

drague (f.)   tentative pour séduire

draguer   aborder qqn dans le but d'en faire un partenaire d'occasion

dragueur(euse) (adj. et nom)   qui cherche un(e) partenaire au hasard de promenades, de sorties, etc.

*drôle: faire **drôle***   donner une impression peu habituelle, bizarre

drôlement (adv.)   très/beaucoup/extraordinairement

Ducon/Duconnaud!   apostrophe insultante; *voir* p. 43

*dur: gros(se) **dur(e)*** (nom)   individu violent qui ne recule avant rien

*dur: être **dur** à la détente*   être avare; être peu rapide

*être **dur** de la feuille*   mal entendre

duraille (adj.)   difficile/pénible

e

s'éclater   éprouver une excitation intense (souvent sous l'effet de l'alcool ou de la drogue)

Écrase! (interj.)   Assez!/Ça suffit!

écraser le champignon   accélérer (auto, moto)

*en **écraser***   dormir

*écritures: être dans les **écritures***   avoir un emploi de bureau

embarquer qqn dans le panier à salade   emmener qqn dans la voiture cellulaire

embêter   ennuyer

emboucaner   agacer/irriter

s'emboucaner   s'ennuyer

emboutir   heurter violemment

emmerdant(e) (adj.)   ennuyeux; *voir* p. 42

emmerde (f.)/*emmerdement* (m.)   ennui; difficulté

emmerder   ennuyer; agacer/irriter

s'emmerder   s'ennuyer

emmerdeur(euse) (nom)   personne qui gêne, importune, ennuie

s'empiffrer   manger voracement

empoisonnant(e) (adj.)   ennuyeux

empoisonner   ennuyer

encaisser qqch, qqn   supporter qqch, qqn

*endive: vocabulaire d'**endive*** (m.)   vocabulaire plat/sans couleur

*enguelade: passer une **engueulade** à qqn*   réprimander qqn; *voir* engueuler/savon

engueuler qqn   réprimander qqn; *voir* engueulade/savon

s'engueuler   se disputer

enguirlander qqn   réprimander qqn

***entraver: n'y **entraver** que dalle*   ne rien y comprendre

envapé(e) (adj.)   drogué

s'envaper   se droguer

***s'envoyer en l'air*   faire l'amour

***s'envoyer qqn*   faire l'amour avec qqn

s'envoyer un verre   boire un verre

épater   étonner

épingler   arrêter (un malfaiteur); *voir* agrafer

s'esbiner   partir discrètement/s'esquiver

esgourde (f.)   oreille

esquinter   endommager

esquinter qqn   blesser qqn

*estamper: se faire **estamper***   payer trop cher

estomaquer   étonner

*s'étendre: se faire **étendre***   échouer à un examen

exam (m.)   examen

extra (adj. inv.)   extraordinaire/formidable

f

fac (f.)   faculté (université)

fada (adj. et nom)   fou

fafiot (m.)   billet (de banque)

se faire à qqch ou à qqn   s'habituer à qqch ou à qqn

*s'en **faire***   se tracasser

falzar (m.)   pantalon

se farcir qqch ou qqn   faire (une corvée); supporter qqn, endurer

fastoche (adj.)   facile

fauché(e) (adj. et nom)   sans argent

faucher   voler

faucheur(euse) (nom)   voleur

faux-jeton (m.)   hypocrite

fayots (m. pl.)   haricots blancs

feignant(e) (faignant[e]) (adj. et nom)   paresseux

fermer: la fermer   se taire

fesses (f. pl.)   les deux parties charnues qui forment le postérieur

feu (m.)   revolver

feuille de chou (f.)   (mauvais) journal

ficelé: être mal ficelé   être mal habillé

se fiche(r) de qqn   se moquer de qqn

>   *se fiche(r) dedans*   se tromper

>   *s'en fiche(r)*   s'en moquer

fichu: être fichu comme l'as de pique   être mal habillé

>   *être mal fichu*   être souffrant

filer   partir; aller

>   *filer qqch à qqn*   donner qqch à qqn

fiston (m.)   fils

flemmard(e) (adj. et nom)   paresseux

flemme (f.)   paresse

>   *avoir la flemme*   se sentir paresseux, être fatigué

flic (m.)   agent de police

>   *Sus aux flics!*   A bas les agents de police!

flingue (m.)   fusil/revolver

flinguer qqn   tuer avec une arme à feu

flingueur(euse) (nom)   tireur acharné; tueur

flipper   délirer/planer; être dans un état d'angoisse et de dépression (après la drogue)

>   *flipper à mort*   avoir très peur/s'ennuyer à mourir

flop (m.)   échec (spectacle, livre, etc.)

flotte (f.)   eau; pluie

flotter   pleuvoir

foirer   échouer (tentative)

fois: des fois   par hasard/si jamais

foncer   aller très vite; être actif, efficace

fonctionariat (m.)   l'état, la qualité d'un fonctionnaire

foot (m.)   football

fort: y aller fort   exagérer

fortiche (adj. et nom)   fort/doué

fouille (f.)   poche

four: faire un four   échouer (spectacle)

fourneau: vieux fourneau (m.)   vieil imbécile

foutaises (f. pl.)   bêtises

foutoir (m.)   désordre/confusion

foutre   faire; mettre

foutre le bordel   mettre en désordre, créer la pagaille

foutre le camp   s'en aller/s'enfuir; être sur le déclin

se foutre de qqn, de qqch   se moquer de qqn/ne pas y attacher d'importance

se foutre dedans   se tromper

se foutre sur la gueule   se taper sur la figure/se battre

s'en foutre   s'en moquer

foutu: être foutu comme l'as de pique   être mal habillé

frangin(e) (nom)   frère, sœur

fric (m.)   argent

>   *fric pourri*   argent malhonnêtement acquis

fric-frac (m.)   cambriolage avec effraction

fricky (m.)   genre de hippy

frigo: il fait frigo   il fait froid

frime (f.)   feinte/bluff/simulation; apparence trompeuse

frimeur(euse) (nom)   hâbleur/personne vantarde, qui bluffe sur ses mérites

se fringuer   s'habiller

fringues (f. pl.)   vêtements

frite: avoir la frite   avoir le moral; être en forme

frites (f. pl.)   pommes de terre frites

froc (m.)   pantalon

froid: ça me laisse froid   cela me laisse indifférent

frometon (m.)   fromage

froussard(e) (adj. et nom)   poltron/peureux

frousse (f.)   peur

(se) frusquer   (s')habiller

frusques (f. pl.)   vêtements

fumasse: être fumasse   être en colère

fumiste (m. et f.)   personne qui ne prend pas son travail au sérieux

fumisterie (f.)   chose qui manque de sérieux

furax (adj. inv.)   furieux

furibard (adj.)   furieux

futal (m.)   pantalon

g

gâchis (m.)   gaspillage

gadin: ramasser un gadin   tomber/faire une chute; *voir* ramasser une gamelle, pelle

gadoue (f.)   boue

gaffe (f.)   maladresse; impair

    faire gaffe   faire attention/se méfier

galette (f.)   argent

galure (m.)   chapeau

gamelle *de motard* (f.)   casque de motocycliste

    ramasser une gamelle   tomber/faire une chute;
        voir gadin/pelle

garage *à fringues* (m.)   magasin de vêtements

gargote (f.)   restaurant bon marché

gars (m.)   homme/individu

gaz: rouler à pleins gaz   aller très vite (auto, moto)

génial(e) (adj.)   très intéressant/prodigieux

géo (f.)   géographie

*gerber   vomir

givré: être givré   être ivre; être fou

glander   flâner; faire (ex.: Qu'est-ce que tu
    glandes?)

glandouiller   ne rien faire; perdre son temps

gnard (m.)   bébé/enfant

gnôle (f.)   eau-de-vie

gnon (m.)   coup

godasses (f. pl.)   chaussures

godet (m.)   verre

godillots (m. pl.)   chaussures

gomme: mettre toute la gomme   accélérer à fond
    (moto, auto)

se gondoler   rire

gonflé: être gonflé   avoir du toupet, de l'aplomb,
    de l'audace, du culot

gonzesse (f.)   fille/femme

gosse (m. et f.)   enfant

gourde (adj. et nom)   stupide/idiot

se gourrer (se gourer)   se tromper

gratis (adj. inv.)   gratuit

gratte (f.)   guitare

griller: en griller une   fumer une cigarette

se grouiller   se dépêcher

gueulante (f.)   cris de protestation ou d'acclamation

gueule (f.)   bouche; visage; tête

    avoir la gueule de bois   avoir la bouche sèche et
        empâtée après avoir trop bu

    casser la gueule à qqn   battre qqn

    se casser la gueule   tomber

    faire la gueule   être de mauvaise humeur, bouder

    se fendre la gueule   rire

fermer sa gueule   se taire

se fiche(r), se foutre de la gueule de qqn   se moquer
    de qqn

se foutre sur la gueule   se battre

ouvrir sa gueule   ouvrir la bouche/donner son
    opinion

se soûler la gueule   se rendre ivre

gueuler   crier très fort

gueuleton (m.)   repas copieux et excellent

guibolles (f. pl.)   jambes

guigne (f.)   malchance

gym (f.)   gymnastique

h

H (m.)   héroïne; haschisch

hauteur: être à la hauteur   avoir la compétence
    nécessaire

hélico (m.)   hélicoptère

herbe (f.)   marijuana

héro (f.)   héroïne

horizontale (f.)   prostituée

hosto (m.)   hôpital

huile (f.)   personnage important

hyper-   préfixe marquant l'exagération, l'excès
    (= très/extrêmement; trop/excessivement)

i

impec (adj. inv. et adv.)   impeccable/parfait; impecca-
    blement

imper (m.)   imperméable

instit (m. et f.)   instituteur/institutrice; (au m.)
    institut

interro (f.)   interrogation

intoxe (f.)   intoxication; art d'intoxiquer, d'influ-
    encer insidieusement les esprits

j

jaspiner   bavarder

jeter: s'en jeter un   boire un verre

jeton (m.)   coup

    avoir les jetons   avoir peur

jeunot (adj. et m.)   jeune

job (m.)   travail, emploi

joint (m.)   cigarette de haschisch

jojo (m.)/*affreux jojo*   enfant terrible/sale garne-
    ment; individu provocant

jojo (adj.)   joli/fameux

jus (m.)   mauvais café (boisson); courant électrique

k

kif (m.)   marijuana

   c'est kif-kif/*c'est du kif*   c'est équivalent, pareil

l

labo (m.)   laboratoire

lâcher *qqn*   abandonner qqn; laisser qqn tranquille

   les lâcher avec un élastique   être avare

laïusser   bavarder

laïusseur(-euse) (adj. et nom)   bavard

lampe: s'en mettre plein la lampe   manger copieusement

lapin: poser un lapin à qqn   ne pas aller à un rendez-vous

larbin (m.)   domestique

lardon (m.)   enfant

larguer *qqn*   abandonner qqn; déposer qqn

lascar (m.)   individu rusé, débrouillard

lavette (f.)   (organe) langue; personne molle, sans énergie

(se) lécher le museau   (s') embrasser

lessivé: être lessivé   être très fatigué

lever *qqn*   séduire qqn

Libé (m.)   le journal *Libération*

liquette (f.)   chemise

litron (m.)   bouteille (en général un litre de vin)

lolos (m. pl.)   seins

loubar(d) (m.)   voyou; adolescent des banlieues pauvres

louftingue (adj.)   fou

loulou(tte) (nom)   voyou; appellation affectueuse: mon ou ma chéri(e)

louper   rater/manquer

loupiot (m.)   enfant (garçon)

loupiote (f.)   petite fille; lampe/lumière

loutte (f.)   femme; terme affectif pour une femme

Lu: p'tit Lu (m.)   gâteau sec de la marque *Lu*

m

maboul(e) (adj. et nom)   fou

machin (m.)   objet quelconque; *voir* bidule/truc

mâchouiller   mâcher sans avaler

se magner   se dépêcher

malabar (adj. et m.)   fort/homme fort

malfrat (m.)   voyou

malle: se faire la malle   partir/s'enfuir

manche: faire la manche   faire la quête, mendier dans la rue

manche: être con comme un manche   être particulièrement stupide

manif (f.)   manifestation dans la rue

manque: être en manque   être privé de drogue; ne pas avoir assez de rapports sexuels

marner   travailler dur

marrant(e) (adj.)   amusant

marre: en avoir marre   en avoir assez

   il y en a marre!/*y en a marre!*   ça suffit!

   marrer: faire marrer   faire rire/amuser

   se marrer   rire/s'amuser

marron (m.)   coup (de poing)

marron (adj. inv.)   trompé/déçu dans ses espérances; qui exerce illégalement une profession

mater (f.) [matɛr]   mère

maternelle (f.)   mère

matheux (m.)   étudiant en mathématiques

maths (f. pl.)   mathématiques

matos (m.)   matériel des musiciens (amplis, projecteurs, etc.)

mec (m.)   homme/type/garçon

méchamment (adv.)   très/beaucoup

mégère (f.)   femme méchante et criarde

mémé (f.)   vieille femme; grand-mère

méninges: se casser les méninges   réfléchir (idées, solutions)

merde (f.)   excréments; situation difficile; *voir* p. 00

Merde! (interj.)   marque aussi bien le mépris, l'indignation, le refus que l'admiration

merder   échouer

*merdeux(euse) (adj.)   sali de merde; méprisable

*merdeux/*petit merdeux* (m.)   enfant/gamin

merdier (m.)   confusion

merdique (adj.)   ennuyeux/confus

merdoyer   échouer

merlan (m.)   coiffeur

meule (f.)   moto

*miches (f. pl.)   fesses

minable (adj. et nom)   médiocre/lamentable/méprisable; personne incompétente

minet (m.)   chat; jeune homme à la mode

minette (f.)   fille

minou (m.)   chat

minus (nom)   incapable

mioche (m.)   enfant

mirettes (f. pl.)   yeux

mitraille (f.)   (petite) monnaie

mob (f.)   mobylette

moche (adj.)   laid

moitié (f.)   épouse

môme (m.)   enfant

môme (f.)   fille

*mordu: être **mordu** de qqch*   être passionné de qqch

morveux (adj. et m.)   mal à l'aise; gamin

motard (m.)   motocycliste; gendarme motocycliste de la police routière

moucharder qqn   dénoncer qqn

mouflet (m.)   enfant

moufter   parler/dire; protester

*mouise: être dans la **mouise***   être sans argent; avoir des ennuis

*mouron: se faire du **mouron***   se faire du souci

moutard (m.)   enfant

n

narguer qqn   braver avec un mépris moqueur

Nan! (interj.)   Non!

nana (f.)   femme

neige (f.)   cocaïne

nénette (f.)   tête; jeune fille/jeune femme

   *se casser la **nénette***   s'inquiéter/se faire du souci

   *se creuser la **nénette***   chercher des idées, une solution

*neveu: (Un peu) mon **neveu**!* (interj.)   Naturellement!

*nez: avoir qqn dans le **nez***   détester qqn/ne pas pouvoir «sentir» qqn

niard (m.)   bébé/enfant; *voir* gnard

noir/petit noir (m.)   café/noir

*nom: petit **nom*** (m.)   prénom

o

occase (f.)   occasion

*œil: à l'**œil***   gratuitement

   *faire de l'**œil** à qqn*   faire un appel amoureux à qqn en clignant de l'œil

   *Mon l'**œil**!*   Non!; Je ne te crois pas!

   *se rincer l'**œil***   regarder avec plaisir un spectacle excitant

   *tourner de l'**œil***   s'évanouir

*oignons: aux petits **oignons***   préparé avec soin

O.K.   oui/d'accord/entendu

*ombre: mettre à l'**ombre***   mettre en prison

os (m.)   problème/ennui/difficulté

oseille (f.)   argent

ouais   prononciation vulgaire de «oui»

p

P.4 (f.)   cigarette bon marché vendue par paquet de quatre

pack (m.)   groupe

paddock (m.)   lit

pagaille (f.)   confusion/désordre

pageot (m.)   lit

paluche (f.)   main

panards (m. pl.)   pieds

papillon (m.)   fiche, avis de contravention

   *Minute **papillon**!* (interj.)   Patience!/Du calme!

pardingue (m.)   pardessus

*parler: Tu **parles**!* (interj.)   C'est bien vrai! (approbation); Crois-tu que je vais te croire? (doute)

*partouze (f.)   partie de débauche

pasque (conj.)   parce que

pastille (f.)   balle (d'arme à feu)

patate (f.)   homme, femme stupide

patates (f. pl.)   pommes de terre

*pâtée: fiche(r)/flanquer/foutre une **pâtée** à qqn*   battre qqn; *voir* dérouillée/raclée

patelin (m.)   village

pater (m.) [patɛr]   père

paternel (m.)   père

patte (f.)   main; jambe

   *aller à **patte***   aller à pied

paumé(e) (adj. et nom)   désemparé/à la dérive/sans ressources

paumer qqch   perdre qqch; égarer qqch

   *se **paumer***   se perdre

*peau: avoir qqn dans la **peau***   aimer qqn avec passion

peau de vache (f.)   personne méchante

pébroque (m.)   parapluie

pêche (f.)   visage; coup; *voir* poire/pomme

   avoir la **pêche**   être en forme; avoir de la chance

   se fendre la **pêche**   rire; *voir* se fendre la pipe

peigne-cul (m.)   homme grossier et inculte

peinard(e) (adj.)   tranquille/à l'aise

peler *de froid*   avoir très froid

pelle: *ramasser une* **pelle**   tomber/faire une chute; *voir* gadin/gamelle

peloter   caresser

pénard(e) (adj.)   tranquille/à l'aise

pendouiller   pendre mollement

penser: *tu penses!* (interj.)   marque l'ironie, le désaccord

pépé (m.)   vieil homme

pépée (f.)   fille

pépère (adj.)   tranquille; gros/copieux

pépin (m.)   parapluie; souci/ennui/difficulté

péquenot (m.)   campagnard/paysan

perpète: *à perpète*   à perpétuité; très loin

pétard (m.)   postérieur; revolver; cigare; bruit

   se mettre en **pétard**   se mettre en colère

pétoche (f.)   peur

pétrus (m.)   derrière; *voir* popotin/postère

pèze (m.)   argent

philo (f.)   philosophie

piaffer   attendre impatiemment/s'agiter/trépigner

piaule (f.)   chambre

picoler   boire beaucoup

picrate (m.)   vin de qualité médiocre

pied (m.)   plaisir/jouissance

   C'est le **pied!**   C'est très agréable!

   prendre son **pied**   bien s'amuser; avoir un orgasme/jouir

   Ça te fera les **pieds!**   Ça t'apprendra!/Ce sera bien fait pour toi!

pieu (m.)   lit

se **pieuter**   aller se coucher

pif (m.)   nez

   avoir qqn dans le **pif**   détester qqn; *voir* blairer

piffer: *ne pas pouvoir* **piffer** *qqn*   ne pas pouvoir supporter qqn

pige (f.)   année (d'âge)

piger   comprendre

pignouf (m.)   individu mal élevé, grossier

pinailler   discuter sur de petits détails

pinard (m.)   vin

pince (f.)   main

   aller à **pinces**   aller à pied

pincer   arrêter (un malfaiteur); *voir* agrafer/épingler

   en **pincer** *pour qqn*   aimer qqn

***pine** (f.)   sexe de l'homme

pinter   boire beaucoup

   se **pinter**   s'enivrer/se soûler

pion (m.)   surveillant dans un lycée

pioncer   dormir

pipe: *casser sa* **pipe**   mourir

   se fendre la **pipe**   rire; *voir* se fendre la pêche

   par tête de **pipe**   par personne

pipi: *faire* **pipi**   uriner

piquer   voler

   piquer *une crise*   se mettre en colère

   se faire **piquer**   être pris en flagrant délit

piqueur(-euse) (nom)   chapardeur/voleur à la tire

piquouse (f.)   piqûre

pis (adv.)   puis

pisser   uriner

pisse-vinaigre (m. et f.)   individu aigri, acide, désagréable

piston (m.)   recommandation/protection

pistonner *qqn*   recommander qqn/protéger qqn

plancher   subir une interrogation (étudiant)

planer   être sous l'effet de la drogue; rêvasser

planque (f.)   cachette

se **planquer**   se cacher

se **planter**   se tromper

plaquer *qqn ou qqch*   abandonner qqn ou qqch

plombe (f.)   heure

   prendre des **plombes**   prendre du temps/durer des heures

plouc (m.)   paysan/rustre; homme fruste

plumard (m.)   lit

poche: *C'est dans la* **poche!**   C'est gagné!/C'est réussi!

pogne (f.)   main

pognon (m.)   argent

poids: *faire le* **poids**   avoir la compétence nécessaire

poil: *à poil*   tout nu

    se mettre/se foutre/se fiche(r) à poil   se déshabiller/ se mettre tout nu

    Au poil! (interj.)   Parfait! Très bien!

se poiler   s'amuser; *voir* se marrer

poilu (m.)   personne du sexe masculin

poire (f.)   visage; *voir* pêche/pomme

poireauter   attendre (longtemps)

poisse (f.)   malchance

poivrot(te) (nom)   ivrogne/ivrognesse

pomme (f.)   visage pêche/poire

    ma pomme   moi

    (se) lécher la pomme   (s') embrasser

    prendre qqn pour une pomme   prendre qqn pour un idiot

    tomber dans les pommes   s'évanouir

pompe: *un coup de pompe*   un coup de fatigue

    à toute pompe   à toute vitesse/vite

    pompes (f. pl.)   chaussures

pompé: *être pompé*   être fatigué, exténué; *voir* crevé

pomper   boire beaucoup; emprunter qqch à qqn

    pomper l'air à qqn   importuner qqn/embêter qqn

pondre   produire/écrire

popote (f.)   cuisine (préparation)

popotin (m.)   postérieur; *voir* pétrus/postère

postère (m.)   postérieur; *voir* petrus/popotin

pot (m.)   consommation/coup à boire; chance

    du pot/un coup de pot   de la chance/un coup de chance

    Manque de pot!   Pas de chance!

potache (m.)   élève (collège, lycée)

pote (m.)   camarade

poubelle (f.)   récipient destiné aux ordures ménagères

    grandes poubelles   ramassage d'objets encombrants par la voirie

pouce: *manger sur le pouce*   prendre un repas rapide

poufiasse (f.)   femme facile; femme stupide; prostituée

poulet (m.)   policier en civil

pourri(e) (adj. et nom)   malsain/personne malsaine; en mauvais état

prof (m. et f.)   professeur

promettre: *Ça promet!*   Ça va être encore pire!

prune (f.)   un verre de liqueur de prune; coup de poing

pruneau (m.)   coup de poing; balle (d'arme à feu)

pub (f.)   publicité

pucier (m.)   lit

Punaise! (interj.)   marque l'étonnement

punch: *avoir du punch*   avoir de l'allant

purée: *être dans la purée*   être sans argent

    purée de pois (f.)   brouillard très épais

Purée! (interj.)   Misère!

putain/pute (f.)   prostituée

Putain! (interj.)   marque l'étonnement, l'admiration, la déception, le mécontentement

P.V. (m.)   procès-verbal/contravention

q

quéqu'chose   quelque chose

queue (f.)   sexe de l'homme

quilles (f. pl.)   jambes

quinqua (adj. et nom)   quinquagénaire

quoi: *y a vraiment pas de quoi*   je vous en prie

r

raclée   correction/coups violents et répétés; *voir* dérouillée/ trempe

    fiche(r), flanquer, foutre une raclée à qqn   battre qqn

radical (adv.)   efficacement; complètement

radin(e) (adj. et nom)   avare

se radiner   venir rapidement

radinerie (f.)   avarice mesquine

radis: *être sans un radis*   être sans argent, sans un sou

râler   grogner/protester; *voir* rouspéter/rouscailler

râleur(euse) (adj. et nom)   irritable/coléreuse (personne)

ramener sa fraise   être arrogant; protester

    la ramener   être arrogant; protester

râpé(e)   raté/fichu; sans le sou

rapiat(e) (adj. et nom)   avide/cupide

rappliquer   venir/arriver

ras: *en avoir ras le bol, ras l'assiette, ras le béret*   en avoir assez; *voir* en avoir marre

raser   ennuyer

rater: *il n'en rate pas une*   il ne rate jamais une occasion de faire ou de dire des bêtises, de faire une gaffe

ravoir   remettre en état/récupérer

recaler: se faire **recaler**   échouer à un examen; *voir* se faire coller/s'étendre

récré (f.)   récréation

récupérer   reprendre des forces; reprendre qqch

refiler qqch à qqn   prêter/donner qqch à qqn

rejeton (m.)   fils; au pluriel: enfants

relax (adj. inv.)   décontracté

reluquer   regarder

se remuer   se dépêcher

rencard (m.)   rendez-vous; renseignement

repasser: Tu **repasseras!**   Non!/Rien!/Rien à faire!

resquilleur(euse) (m.)   personne qui obtient une chose sans y avoir droit

restau/resto (m.)   restaurant

rififi (m.)   bagarre

riflard (m.)   parapluie

rigolade (f.)   amusement/chose peu sérieuse

rigoler   rire bruyamment ou vulgairement/ s'amuser

rigolo(te) (adj. et nom)   amusant; personne amusante/ plaisantin

ringard(e) (adj. et nom)   incompétent/nul; démodé

rogne: se mettre en **rogne**   se mettre en colère

rond: être **rond**   être ivre

    être **rond** comme une queue de pelle   être complètement ivre

    être sans un **rond**   être sans un sou/être sans argent; *voir* radis

rouge: voir **rouge**   se mettre en colère

roulé: être bien **roulée**   être bien bâtie (pour les femmes)

rouler: se faire **rouler**   se faire duper; payer trop cher

roulottier (m.)   individu qui vole dans les voitures en stationnement

roupiller   dormir

*rouscailler   grogner/protester; *voir* râler/rouspeter

*rouscailleur(euse) (adj. et nom)   coléreux; personne irritable

rouspéter   grogner/protester; râler, rouscailler

rouspéteur(euse) (adj. et nom)   coléreux; personne irritable

*roussin (m.)   agent de police

s

sac (m.)   100 francs actuels; 10.000 francs d'avant 1956

sa(c)quer   congédier/licencier

    ne pas **sa(c)quer** qqn   ne pas supporter qqn

Saint-François de Sales   nom d'une école privée religieuse

salade: raconter des **salades** à qqn   raconter des histoires (mensongères) à qqn

salaud (adj. et m.)   malhonnête et déloyal (individu)

salé: histoire **salée** (f.)   histoire grivoise

    note, facture **salée** (f.)   note, facture trop élevée

*salope (adj. et f.)   malhonnête; femme de mauvaise vie, peu recommandable

saloperie (f.)   chose malpropre, de mauvaise qualité

Salut!   Bonjour! Au revoir

sang: Bon **sang!** (interj.)   juron

    se faire du mauvais **sang**   s'inquiéter

se saper   s'habiller

sapes (f. pl.)   vêtements

saucissonner   pique-niquer

*sauter une fille   faire l'amour avec une fille/ posséder une fille sexuellement

    la **sauter**   avoir faim

savon: passer un **savon** à qqn   réprimander qqn; *voir* engueulade/engueler

sax (m.)   saxophone

scato (adj.)   scatologique/qui a rapport aux excréments

schnock: vieux **schnock** (m.)   vieil homme

scribouiller   (mal) écrire

sec: être à **sec**   être sans argent

    rester **sec**   être incapable de répondre à une question

sèche (f.)   cigarette

sécher   être incapable de répondre à une question

    sécher un cours   manquer volontairement un cours

Sécu (f.)   Sécurité sociale

sensass (adj. inv.)   sensationnel/remarquable (individu)

se shooter   se piquer (drogue)

siffler   boire d'un trait

smala (f.)   famille (nombreuse)

soif: jusqu'à plus **soif**   jusqu'au bout/à satiété

sonne: être **sonné**   être fou; être assommé

sono (f.)   équipement de sonorisation

souffler   étonner

soulaud(e) (adj. et nom)   ivrogne

sourdingue   sourd

squat(t)er   prendre possession sans autorisation

stop (m.)   auto-stop

sucre: *casser du* **sucre** *sur le dos de qqn*   médire de qqn

suer: *se faire* **suer**   s'ennuyer

super (m. ou f.)   supercarburant

super (adj.)   extraordinaire/étonnant/merveilleux

surboum (f.)   surprise-partie

surdoué(e) (nom)   personne exceptionnellement capable ou intelligente

survêt (m.)   survêtement (de sport)

sus: *en* **sus** (adv.)   en supplément

sympa (adj. inv.)   sympathique, agréable

système D (m.)   système débrouille/art de se débrouiller, de trouver une solution ingénieuse

t

tabac: *passer qqn à* **tabac**   malmener qqn; donner des coups à qqn pour le faire avouer; *voir* tabasser

tabasser *qqn*   malmener quelqu'un; donner des coups à quelqu'un pour le faire avouer; *voir* tabac

tacot (m.)   vieille voiture

talent-scout (m.)   personne qui recherche des gens de talent

tambouille (f.)   cuisine (préparation)

tanner *qqn*   agacer qqn/ennuyer qqn à force d'insister

***tante** (f.)   homosexuel

   ma **tante**   mont-de-piété

taper *qqn*   emprunter de l'argent à qqn

   se **taper** *la cloche*   manger copieusement

   ***se* **taper** *une fille*   faire l'amour avec une fille

taré(e) (adj. et nom)   crétin congénital

tarte (f.)   gifle

tarte (adj. et f.)   laid/bête/sot/ridicule

tartine (f.)   longue lettre

tartiner   écrire une longue lettre, un long article

tata/tatie (f.)   tante

taulard (tôlard) (m.)   personne se trouvant en prison

taule (tôle) (f.)   prison

taupe (f.)   classe de mathématiques spéciale; personne qui voit mal; espion

Tchac! (adv.)   Vlan!

Tchao!   Au revoir! Salut!

Tchin-tchin!   À ta (votre) santé!

télé (f.)   télévision

téloche (f.)   télévision

terre: *se foutre par* **terre**   tomber

tête: *grosse* **tête**   personne considérée comme exceptionnellement intelligente

   en avoir par-dessus la **tête**   en avoir assez

ticket (m.)   (billet de) 1.000 anciens francs (pièce de 10 F actuels)

   avoir le **ticket** *avec qqn*   plaire physiquement à qqn

tickson (m.)   billet (spectacle, transports)

tienne: *À la* **tienne!**   À ta santé!

tifs (m. pl.)   cheveux

tige (f.)   cigarette

tire (f.)   voiture

tire-jus (m.)   mouchoir

se **tirer**   partir; se sauver

toiles: *se mettre dans les* **toiles**   se coucher/se glisser dans les draps

tomber: *laisser* **tomber** *qqn*   abandonner qqn

tonnerre: *du* **tonnerre**   remarquable, beau/belle; d'excellente qualité

tonton (m.)   oncle

topo (m.)   discours/exposé

   C'est toujours le même **topo!**   C'est toujours la même histoire!

torcher   essuyer rapidement et sans soin; écrire hâtivement

torchon (m.)   pièce de tissu pour essuyer la vaisselle, les meubles, etc.; journal peu estimable

torchonner   frotter avec un torchon; bâcler (un travail)

se **tordre**   rire

torgnole (f.)   gifle

toubib (m.)   médecin

trac (m.)   angoisse avant d'affronter le public, de subir une épreuve

traîne: *être à la* **traîne**   être en retard

traîner   flâner

   traîner *qqch ou qqn*   emmener qqch ou qqn; subir qqch ou qqn

traviole: *être de* **traviole** (adj.)   être de travers

trempe: *fiche(r)/flanquer/foutre une* **trempe** *à qqn*   battre qqn; *voir* dérouillée/raclée

trimbal(l)er porter; traîner partout

   *Qu'est-ce qu'il **trimbal(l)e!*** Qu'il est bête!

   *se **trimbal(l)er** qqch ou qqn* porter qqch; subir la présence de qqn

   *je me **trimbal(l)e** un rhume carabiné* j'ai un très fort rhume

trimer travailler durement

trip (m.) voyage hallucinatoire procuré par le L.S.D.

tripoter trafiquer; toucher/caresser/peloter; faire des opérations malhonnêtes

trombine (f.) visage

tronche (f.) visage; *voir* pêche/poire

trou: *mettre au **trou*** mettre en prison

trouillard(e) (adj. et nom) peureux

trouille (f.) peur

truc (m.) chose quelconque; *voir* bidule/machin; savoir-faire/tour de main

truqueur (m.) escroc/voyou/tricheur

tube (m.) chanson à succès

   *à pleins **tubes*** avec la puissance sonore maximale

tuer: *Cela me **tue!*** Cela me fatigue!

turbiner travailler

turne (f.) chambre

tuyau (m.) information (confidentielle)

type (m.) homme

v

vache (adj. et nom) dur/méchant

   *La **vache!*** (interj.) marque l'admiration, l'étonnement, l'indignation ou la malédiction

   *il pleut comme **vache** qui pisse* il pleut très fort

vachement (adv.) très/beaucoup

vacherie (f.) acte de méchanceté

   *tomber sur une **vacherie*** tomber sur une difficulté

vadrouille (f.) promenade

vanne (f.) parole désobligeante ou mensongère

   *lancer un(e) **vanne*** faire une plaisanterie ou une insinuation désobligeante

vanné: *être **vanné*** être épuisé; *voir* claqué/crevé/pompé

vapes: *tomber dans les **vapes*** s'évanouir

vaseux: *être **vaseux(-euse)*** être fatigué; être difficile à comprendre

vautré à moitié couché

veinard(e) (adj. et nom) chanceux

veine (f.) chance

vélo (m.) bicyclette

verni: *être **verni(e)*** avoir de la chance; *voir* bol/pot

verre: *avoir un **verre** dans le nez* être légèrement ivre

vert: *se mettre au **vert*** aller à la campagne

vidé: *être **vidé(e)*** être fatigué

vider *qqn* congédier, licencier qqn; expulser qqn

videur (m.) homme fort qui expulse les clients indésirables

vie de dingue (f.) vie de fou

vieux (m. pl.) parents

violon (m.) prison d'un poste de police

virée (f.) promenade seul ou en groupe

virer *qqn* congédier, licencier qqn; mettre qqn à la porte

viser regarder

voiles: *mettre les **voiles*** partir/se sauver

voler: *ne pas avoir **volé** qqch* avoir mérité qqch

vôtre: *À la **vôtre!*** À votre santé!

y

y . . . il y . . .

y'a il y a

yaka il n'y a qu'a/il suffit de

yeux: *ne pas avoir les **yeux** en face des trous* mal voir/ne pas voir clair

z

zéro (m.) personne incompétente/nullité,

zig(ue) (m.) individu/type/bonhomme

zigomar (m.) individu excentrique ou douteux

zigoto (m.) individu fantaisiste ou un peu suspect

zigouiller *qqn ou qqch* tuer qqn; abimer, casser qqch

zinc (m.) comptoir de café

zinzin (adj.) un peu fou

zinzin (m.) objet quelconque/machin/truc

zizi (m.) sexe de l'homme

zizique (f.) musique

***zob** (m.) sexe de l'homme

zonard (m.) voyou de banlieue; marginal/clochard

zyeuter regarder

Bibliographie sélective

Parmi les nombreux livres consacrés à l'argot, nous ne citerons ici que des ouvrages publiés au cours des trois dernières décennies et, en principe, disponibles.

Bernet, Charles et Rezeau, Pierre. *Dictionnaire du français parlé—Le monde des expressions familières*. Paris: Le Seuil, 1989.

Boudard, Alphonse. *L'Argot sans peine—La Méthode à Mimile*. Paris: La Jeune Parque, 1974. Également édité dans Le Livre de Poche. Ouvrage très amusant pastichant la célèbre *Méthode Assimil* (L'anglais sans peine / L'allemand sans peine, etc.). Les leçons comprennent, sur la page de gauche, le texte argotique avec quelques indications pour la prononciation et, sur la page de droite, la traduction en un français extrêmement soigné et élégant. Le contraste est des plus savoureux.

Calvet, Louis-Jean. *L'argot en 20 leçons, ou Comment ne pas en perdre son français*. Paris: Payot & Rivages, 1993.

Caradec, François. *Dictionnaire du français argotique et populaire*. Paris: Larousse, 1977. Ouvrage de format modeste et de 256 pages, mais riche et pratique. Réédité en 1988, sous le titre *N'ayons pas peur des mots*.

Cellard, Jacques et Rey, Alain. *Dictionnaire du français non-conventionnel*. Paris: Hachette, 1980. Excellent ouvrage de référence, avec nombreuses citations et exemples. Bibliographie très complète.

Colin, Jean-Paul, Mevel, Jean-Pierre et Leclère, Christian. *Dictionnaire de l'Argot*. Paris: Larousse, 1992. Nomenclature d'environ 6500 entrées donnant le sens des mots et accompagnées de citations ou d'exemples qui en éclairent l'emploi. À la fin du volume, Glossaire français-argot, très utile. Ouvrage qui fait autorité.

Duneton, Claude. *La Puce à l'oreille*. Anthologie des expressions populaires avec leur origine. 2ème édition. Paris: Balland, 1985. Livre de Poche. Ouvrage de 510 pages, plein de découvertes, original et fort distrayant.

Giraud, Jean, Pamart, Pierre et Riverain, Jean. *Les Nouveaux Mots dans le vent*. Paris: Larousse, 1974.

Guiraud, Pierre. *L'Argot*. Paris: P.U.F., 1985. (Collection *Que sais-je?*) *Le français populaire*, P.U.F. 1986 (Collection *Que sais-je?*)

Giraud, Robert. *L'Argot tel qu'on le parle*. Paris: Jacques Grancher, 1981.

Marks, Georgette A. et Johnson, Charles B. *Harrap's Slang Dictionary*, 1980. *Dictionnaire anglais-français / français-anglais. Slang.* Ouvrage sérieux, pratique et complet, mais exigeant une bonne connaissance de l'anglais.

Merle, Pierre. *Dictionnaire du français branché, suivi de Guide du français tic et toc.* 2ème édition. Paris: Le Seuil, 1989.

Perret, Pierre. *Le petit Perret illustré par l'exemple*. Paris: Jean-Claude Lattès, 1982. Paris: Livre de Poche, 1988. Le chanteur Pierre Perret présente avec humour et avec des exemples de son cru 2000 mots de la langue argotique.

Simonin, Albert. *Le petit Simonin illustré par l'exemple*. Paris: Gallimard, 1968. Ouvrage de 284 pages écrit par le célèbre auteur de romans policiers.

Sources

Nous remercions les personnes, institutions et maisons d'édition suivantes pour leur aimable autorisation de reproduire les textes soumis au copyright, dans la mesure où la National Textbook Company a pu les joindre.

Page

66   Sarraute, Claude: *Dites donc!* Paris: Editions Jean-Claude Lattès.

70   Bretécher, Claire: Clair Foyer.

73   Bretécher, Claire: Fantasia. De: *Les Frustrés.*

76   Bretécher, Claire: Nevermore. De: *Les Frustrés.*

78   Bretécher, Claire: Les Maîtres du monde. De: *Les Frustrés.*

81   Bretécher, Claire: Divorce. De: *Les Frustrés.*

83   Bretécher, Claire: Les Champions. De: *Les Frustrés.*

87–90   Faizant, Jacques. Paris: Christiane Charillon.

91–94   Margerin, Frank: *Le Grand Appart'.* Paris: Les Humanoïdes Associés.

99–106 Thompson, Danièle; Pinoteau, Claude: *La Boum.* Paris: Claude-Pinoteau—Production: Gaumont International.

108–110 Dorin, Françoise: *Le Tube.* Paris: Ernest Flammarion.

112–117 Dorin, Françoise: *L'Intoxe.* Paris: Ernest Flammarion.

119–121 Boudard, Alphonse: *Les Sales Mômes.* Paris: Éditions de la Table Ronde 1983.

123–125 Bedos, Guy: *Kiki, princesse des neiges.* Paris: Éditions Paul Beuscher.

127–129 Bedos, Guy et J. L. Dabadie: *Le Boxeur.* Paris: Éditions Paul Beuscher.

131   Zouc: *La Drague.* Paris: Éditions André Balland.

133–134 Joly, Sylvie: *Ça va, ça va, faut le dire vite.* Paris: Éditions Stock.

136–137 Fallet, René: *Le beaujolais nouveau est arrivé.* Paris: Éditions Denoël.

138–139 Rochefort, Christiane: *Les petits enfants du siècle.* Paris: Éditions Bernard Grasset.

141–142 Rey, Henri-François: *Le Barbare.* Paris: Éditions Robert Laffont.

143–146 Coulonges, Georges: *Pause-Café.* Paris: Librairie Arthème Fayard.

147–152 Cardinal, Marie: *La Clé sur la porte.* Paris: Éditions Bernard Grasset.

153–154 Merle, Robert: *Derrière la vitre.* Paris: Éditions Gallimard.

156–157 Cavanna, François: *Les Ritals.* Paris: Éditions Albin Michel.

159–160 Guth, Paul: *Lettre à votre fils qui en a ras-le-bol.* Paris: Flammarion.

162–164 Renaud: *La Boum.* Paris: Mino Music.

165–168 Renaud: *Dans mon H.L.M.* Paris: Mino Music.

169–170 Brassens, Georges: *Le temps ne fait rien à l'affaire.* Paris: Éditions Musicales 57.

172–173 Perret, Pierre: *Les jolies colonies de vacances.* Paris: © 1966 Barclay Morris S.A. droits transférés à Warner Chappell Music France.

Notes

Notes

Notes